TED
演讲力

王泓　编著

🎗 中国纺织出版社有限公司

内 容 提 要

TED是美国的一家私有非营利机构，它致力于"传播一切值得传播的创意"，且已经在演讲界家喻户晓。了解、学习和运用TED演讲中的技巧和方法，能帮助我们在演讲时抓住人心、提升演说效果。

本书从提升演讲表达能力的角度入手，以分析TED演讲的技巧为主线，结合一些趣味横生的演讲故事和TED演讲中振奋人心的演讲案例，深入浅出地向我们阐述了如何通过技巧来获得听众的信任和支持、提升演讲的影响力，且内容涉及演讲中的故事、开场白、结尾，以及语言、肢体动作、道具等各方面，帮助我们掌握TED演讲精髓，希望对广大读者有所帮助。

图书在版编目（CIP）数据

TED演讲力／王泓编著. -- 北京：中国纺织出版社有限公司，2024.6
ISBN 978-7-5229-1540-1

Ⅰ．①T… Ⅱ．①王… Ⅲ．①演讲学 Ⅳ．①H019

中国国家版本馆CIP数据核字（2024）第061121号

责任编辑：柳华君　　责任校对：高　涵　　责任印制：储志伟

中国纺织出版社有限公司出版发行
地址：北京市朝阳区百子湾东里A407号楼　邮政编码：100124
销售电话：010—67004422　传真：010—87155801
http://www.c-textilep.com
中国纺织出版社天猫旗舰店
官方微博 http://weibo.com/2119887771
天津千鹤文化传播有限公司印刷　各地新华书店经销
2024年6月第1版第1次印刷
开本：880×1230　1/32　印张：7.5
字数：148千字　定价：49.80元

凡购本书，如有缺页、倒页、脱页，由本社图书营销中心调换

前　言

有人说，21世纪，思想就是"货币"，而我们每一个人都是"推销员"，而"推销"思想的重要方式之一就是演讲。的确，演讲已经成为大家生活和工作中极为重要的一种推销自己的技能。在现实生活中，你无论是身居要职的国家干部，还是奋斗在市场一线的公司职员，都离不开劝服和鼓舞他人，都需要在公共场合说话，这就是演讲。

演讲，又叫讲演或演说，是指在公众场所，以有声语言为主要手段，以体态语言为辅助手段，针对某个具体问题，鲜明、完整地发表自己的见解和主张，阐明事理或抒发情感，进行宣传鼓动的一种语言交际活动。

我们每个人都向往言之有物、言之有力的演讲境界，这个境界是否有捷径可以达到呢？答案当然是肯定的，那就是——TED演讲。

TED是全世界各个领域优秀人才展示和传播自己思想的一个平台，是美国的一家私有非营利机构。TED是指Technology、Entertainment、Design（科技、娱乐、设计）的缩写，它的会议宗旨是"用思想的力量来改变世界"。

1984年，第一次TED国际会议由理查德·索·乌曼和哈里·马克思发起，1990年开始，美国加州的蒙特利会每年举办

一次,而如今,也会在其他城市每年举办一次,主要是各界思想领袖、出色人才、精英人士们分享自己热衷从事的事业。但凡有机会来到TED大会现场作演讲的均有非同寻常的经历,他们要么是某一领域的佼佼者,要么是某一新兴领域的开创人,要么是做出了某些足以给社会带来改观的创举。而大会观众往往是企业的CEO、科学家、创造者、慈善家等,他们几乎和演讲嘉宾一样优秀,涉及全球各个行业的精英和领袖。比如,苹果公司创始人乔布斯、美国时装模特卡梅伦·鲁塞尔、美国前国务卿鲍威尔、人类基因组研究领域的领军人物克莱格·文特尔……大家齐聚一堂,享受这一"超级大脑SPA"。

那么,TED演讲为什么这么受欢迎?为什么不超过18分钟的演讲,平均点击率却超过百万次,最高的甚至超过2500万次?因为它有极具影响力的内容,幽默风趣的表达方式,巧妙的结构设计,这些都令全球的听众如痴如醉。现在,你是否想了解但又无法亲临TED现场,也没有空闲时间研究它的视频呢?

这就是我们编写此书的初衷,本书以帮助读者提升演讲能力为目的,以分析TED演讲的技巧为主线,并对其进行分类,内容涉及演讲中的开场、中间和结尾部分,并从演讲中的肢体语言、表达方法等各个方面进行分析,重在阐述TED演讲受人欢迎的秘诀。无论你是一名初学演讲技巧的爱好者,还是已经具备丰富的演讲经验,相信本书都能给你带来新的体验,使你从中获得一些新的启示。而掌握书中总结的演讲技巧，能为你的事业添砖加瓦，让你获得越来越多的成功资源。

编著者

2023年11月

目 录

第1章　走近TED演讲：以智慧发言传播有价值的思想 001

TED 演讲的由来与发展历程　　　　　　　　　　002
"讲故事"还是"讲道理"　　　　　　　　　　　005
TED 演讲的目的是分享有价值的思想　　　　　　008
故事比生硬的大道理更能打动人心　　　　　　　011
演讲中如何讲好一个故事　　　　　　　　　　　014
掌握五个步骤，帮你讲好故事　　　　　　　　　017
自己的经历，就是最好的故事　　　　　　　　　020

第2章　更新你的大脑，让TED带给你全新的演讲体验 025

故事，能最便捷地传递你的思想　　　　　　　　026
TED 大会强调思维要有先进性和独创性　　　　　029
一场脱稿演讲，让你与众不同　　　　　　　　　032
使用辅助工具，将演说主题绘声绘色地表演出来　037
要脱稿，更要有即兴讲话的能力　　　　　　　　041

第3章　高级的演讲像好友交谈一样，向TED学习如何制造情感共鸣 047

热情，是成功演讲的原动力　　　　　　　　　　048

突破当众说话的心理障碍，才能侃侃而谈 051
像与朋友交谈一样演讲，才能轻松自然 055
真切感人的故事，能迅速打动听众 059
如何在演讲中让听众产生共鸣 062
始终站在听众的角度说话，更易打动人心 065

第4章　确定主题，创造性理念的分享是TED大会的主线 071

提炼好主题，是演讲的基石 072
牢记主题，才能准确传达你的思想 076
像 TED 演讲那样主题鲜明且新颖有趣 080
唯有事先练习，才能让演说更自然 083
根据演讲主题，形成演说风格 087

第5章　绝不循规蹈矩，TED擅长以一鸣惊人的结构让听众欢呼 093

引人入胜的开头，是演讲成功的关键 094
总体设计，构思演讲环节 098
曲径通幽，戏剧化地展现你的观点 102
巧妙铺垫，营造氛围让听众乐于听下去 106
首尾呼应，演讲的结尾同样重要 110

第6章　始终让听众热情高涨，学习TED演讲者出色的控场能力　115

提一个开放性的问题，让听众参与进来　116
演讲中说错话，如何摆脱尴尬　119
遇到听众的恶意攻击，请微笑面对　122
遇到尴尬时，可以开开玩笑来舒缓气氛　126
演讲突然忘词，怎么巧妙衔接　129

第7章　打开心理闸门，如何一开口就迅速点燃听众热情　135

笑容，是你的最佳名片　136
TED演讲者常用的三种吸引听众注意力的方法　139
幽默开场，别开生面　144
以故事开场，激发听众兴趣　148
先提出问题再回答，以此吊足听众胃口　150

第8章　言之有物，像TED演讲那样深入人心地表达　155

平时注重积累，演说时才能旁征博引　156
语言凝练、字字珠玑　159
恰当的演讲语速，能愉悦听众的耳朵　162
语言要有感染力，才能打动听众　166
多做预讲，勤做练习　170

第9章　态势语言，学习TED演讲中"演"的艺术　175

穿着得体，为演讲加分　176
个性饰品，点缀出你的自信　180
了解并运用演讲中的四类手势　183
演说，不要忽视肢体语言的力量　186
用你的眼神，与听众进行无声交流　188

第10章　运用幽默，在轻松和谐的氛围中将观点传达出来 193

幽默式介绍，让听众对你印象深刻　194
使用幽默的语言，能营造轻松和谐的气氛　197
幽默收尾，让演讲更为圆满　201
幽默渗透，让听众回味无穷　204
演讲中的幽默要真实自然、言之有物　208

第11章　避免步入这些表达雷区，以免给听众留下不好的印象　213

语言谦逊，无论如何不要和听众争论　214
演讲切忌形式主义、讲空话套话　217
演讲要充满新意，切忌陈词滥调　220
演讲语言要深入浅出，切忌故作高深　224
放松心态，切勿自乱阵脚　226

参考文献　230

第1章

走近TED演讲：以智慧发言传播有价值的思想

"TED"这一名词在演讲界可谓尽人皆知，TED是一个非营利性组织，其宗旨在于传播有价值的思想，其中TED由"科技""娱乐"以及"设计"三个英文单词首字母组成。从1984年诞生，每年都有各个行业的精英、创业者、知识分子、科技领先者竞相参加、交流和分享自己的思想，到如今，每年申请参加TED大会的有上千万人。的确，当今世界，知识才是一切竞争力的核心，分享知识和信息，能让我们迅速成长，而这也是TED演讲如此受欢迎的原因。接下来，在本章中，让我们来了解TED演讲。

TED演讲的由来与发展历程

在演讲领域，相信很多人听过TED演讲这一名词，那么，什么是TED演讲呢？

在了解TED演讲前，我们要先了解什么是TED。TED是一个非营利性组织，致力于传播那些激动人心的想法，题目范围设定为科技（technology）、娱乐（entertainment）和设计（design）领域，这三个广泛的领域共同塑造着我们的未来，因此得名TED。

TED诞生于1984年，其发起人是理查德·索·乌曼。从1990年开始，每年在美国加州的蒙特利举办一次，而如今，也会在世界的其他城市每年举办一次。这个会议的宗旨是"传播一切值得传播的创意"。

2001年，克里斯·安德森接管TED，创立了种子基金会（The Sapling Foundation），并运营TED大会。每年3月，TED大会在北美召集众多科学、设计、文学、音乐等领域的杰出人物，分享他们关于技术、社会、人的思考和探索。

TED大会创始人克里斯·安德森曾说："曾经，知识经济中的人说，你要保护如黄金般的知识，这是你唯一的价值。但是，当全球都联系在一起时，游戏规则改变了，每个人都互相关联，一切都会快速发展。当知识传播出去后，会以最快速度到达全球各地，得到反馈，得以传播，而它的潜在价值是无形的。"

2001年，安德森买下了TED会议，并将TED会议变成非营利机构，每年举行一次会议，然后工作人员会将其做成视频放到网上，这样全球观众就能免费观看，就能获得最新信息。

对此，安德森解释道："我是学哲学的，总是生活在自己的想法中。我之前就隐约觉得，有很多好的想法如果能进行全球传播，是很好的事情。我当时有一点儿钱，很想作出一些贡献。我发现，TED是很好的工具。"

事实上，这场盛会所涉及的领域还在不断扩散，也展现出了各个领域内的最新见解，为此，它被参加者们称为"超级大脑SPA"和"四日游未来"。

参加大会的听众是来自各行各业的精英，包括企业的CEO、科学家、创造者、慈善家等，他们几乎和演讲嘉宾一样优秀。比尔·克林顿、比尔·盖茨、英国动物学家珍妮·古道尔、美国建筑大师弗兰克·盖里、歌手保罗·西蒙、维珍品牌创始人理查德·布兰森爵士、国际设计大师菲利普·斯达克以及U2乐队主唱保罗·大卫·休森都曾担任过演讲嘉宾。

TED环球会议是TED大会的子会议。

2005年，第一届TED环球会议在英国召开。从2006年起，TED演讲的视频被上传到网上。2007年，TED环球会议在坦桑尼亚召开。截至2010年4月，TED官方网站上收录的TED演讲视频总数已经超过650个，所有的TED演讲的视频都是以知识共享的方式予以授权的，这些TED演讲的视频的点击量已经超过了5000万。

TED被安德森买下后，演讲的领域也从原先的技术、娱乐、设计三个领域扩展到了各行各业，比如，科学、教育、发展、文化、商业、艺术等话题经常出现，而且演讲中也会穿插一些艺术家的表演。另外，前来参加演讲的人也遍布各行各业，有科学家、哲学家、艺术家、探险家、心理学家、语言学家、宗教领袖、慈善家等。目前，TED已经成为超越会议性质的世界品牌。

在1984年的第一次TED大会上所展示的物品，令很多人终身难忘。在会上，人们第一次看到了后来风靡全球的CD光盘，第一台苹果电脑也被带到了讲台上。今天，新版的MacbookAir让全世界无数的粉丝为之疯狂。

在改变世界的同时，TED自身也在26年后（至2010）由与会成员不过千人的"晚宴"，成长为每天50万人观看其视频的社区。自1990年起，参会的精英们每年3月相聚于美国加州长滩，享受这一场"超级大脑SPA"。

但凡有机会来到TED大会现场作演讲的均有非同寻常的经历，他们要么是某一领域的佼佼者，要么是某一新兴领域的开创人，要么是做出了某些足以给社会带来改观的创举。比如，人类基因组研究领域的领军人物克莱格·文特尔、"给每位孩子一百美元笔记本电脑"项目的创建人尼古拉斯·尼葛洛庞帝、只身滑到北极的第一人本·桑德斯、当代杰出的语言学家斯蒂芬·平克……至于像艾伯特·戈尔那样的明星就更是TED

大会之常客了。

有TED，就有TED大奖，它是TED大会最激动人心的一部分，于2005年开始设立，每一年有三个获奖名额。每一位TED大奖的获得者除了能得到十万美金的奖励以外，还有机会在TED会议上公开阐述其TED愿望，而TED的组织者将竭尽全力地帮助他们实现这样的愿望。

"讲故事"还是"讲道理"

前面，我们已经分析过，TED演讲火热全球的原因之一就是故事的分享。相较于令人昏昏欲睡的数据和各种假大空的套话，讲述你自己的故事不仅能建立信任，还能激发听者想象并拥抱一个更加美好的未来，更能带来不可估量的经济效益。

New Balance（美国波士顿运动品牌）讲了一个李宗盛《致匠心》的故事，使其品牌格调陡然升了一截；褚橙讲了一个褚时健老当益壮的故事，就将其他千千万万的橙子落下不知几条街；王石讲了一个登山的故事，为万科节省了三亿元广告费，当然，好处还不止于此；海尔只讲了一个砸冰箱的故事，从而让人们认识了海尔，相信了海尔产品的品质；如果钻石本身算作一个品牌的话，它就在20世纪讲了一个最好的故事，"钻石恒久远，一颗永流传"，从此成为忠贞不渝的爱情见证。

有什么比讲一个精彩的故事更具吸引力，更加引人入胜呢？英文内容营销中流行一个词叫作story telling，直译成中文就是"讲故事"。内容营销的本质，就是把自己的故事用别人喜闻乐见的方式表达出来。

2008年当选美国总统的奥巴马，被称为美国历史上最有魅力的总统之一。而他也是将讲故事运用到了政治生活的各个方面。

在竞选美国总统时，他发表了一篇获胜演说词。在这篇演说词中，他并没有阐述自己有多少宏伟的政治愿景，而是很平淡地讲述了一个106岁高龄的黑人女性安·库伯的故事，以此来回溯历史，阐明发现。我们来看看他这一部分的演说词。

"这次选举拥有许多故事和数不清的第一次，它们将被世世代代流传。但是今晚在我脑海中一直浮现的，是亚特兰大一位女性选民。她就像成千上万的其他选民一样，排在队伍中喊出自己的心声，唯一不同的是——安·尼克松·库伯，她已经106岁了。

她恰逢奴隶制度废除后出生，彼时还没有飞机和汽车，和她一样的人在那时是没有选举权的，不只因为她是女人，还因为她的肤色。但是今晚，我思考着她所经历的这一个世纪的美国——心痛和希望；斗争与进步；我们被告知我们不能做什么的时代，以及美国人的信条：是的，我们可以！

在那个女性不能发出声音的时代，在那个女性的希望被剥夺的时代，她看着她们站了起来，大声说出自己的想法，投出了自己的选票。是的，我们可以！

当绝望和大萧条袭来的时候，她看到了一个民族通过新政、新的工作和新的共同目的感战胜了恐惧。是的，我们可以！

第1章 走近TED演讲：以智慧发言传播有价值的思想

当炸弹在珍珠港爆炸，当暴政威胁这个世界的时候，她见证了一代人的强大，见证了民主得到了捍卫。是的，我们可以！

见证了蒙哥马利汽车暴动，见证了塞尔玛大桥事件，遇到了那位来自亚特兰大的牧师，他告诉人们：'我们终将会克服一切。'是的，我们可以！"

讲故事，构造一种叙事——这都是传达思想和价值观的重要部分，也是领导人引领民众的重要组成部分，尤其是作为一国总统。

美国政治心理学家德鲁·韦斯顿写道："总统讲的故事非常重要，重要到像父母小时候给孩子们讲的故事一样。这个世界是什么样，可能是什么样，应该是什么样，我们的总统和父母的世界观是什么样的，他们尊重什么样的价值观……他们的故事引领我们。"

可见，对于出色的演讲者来说，故事是让演讲引人入胜的绝佳武器。编剧大师罗伯特·麦基说："故事是创造性的转化，将生活本身转化为更清晰、有力、富有深意的体验。"彼得·古贝尔也曾说："在日常生活中，说服他人和将计划落实为行动的最有效方式，就是讲一些有意义的故事。"

的确，故事是"交流的货币"，是撩人情绪的秘密武器，可以温暖人、感化人、团结人……故事的力量不容小觑，然而即便如此，并不是每个演讲者都擅长讲故事。

曾经有个采访，被采访的对象是全球80多家公司的170多位领军人物。结果表明，故事的价值不仅仅在于活跃气氛，它的重要性是战略层面的。这些管理者的各种做法表明有五个方面决定故事的最终效果：研究、筛选、组织、具化和如何发掘故事。那么，如何研究故事的模式和主题？如何筛选那些还需要丰富的故事？如何组织值得回忆的故事？如何将故事具化为正面的态度、思想、行为？这都是我们任何一名演讲者需要考虑和学习的内容。

TED演讲的目的是分享有价值的思想

萧伯纳有句名言："我有一个苹果，你有一个苹果，我们交换一下，每人还是只有一个苹果；我有一个思想，你有一个思想，我们交换一下，每人就有两个思想。"

所谓分享，指的是将自己喜爱的物品，美好的情感体验及劳动成果与他人共享的过程。"分享"意味着宽容的心，意味着协同能力、交往技巧与合作精神。人生在世，我们每个人都需要和别人分享。分享快乐，分享痛苦，这样对自己有好处的同时，对别人也有好处，就是现在说的"双赢"。

的确，当今社会已是信息社会，互联网行业的发展，让世界每个角落的人都能及时了解到最新的消息。人们渴望了解世界，分享消息。我们所说的TED演讲，其宗旨也是分享有价值的思想。对于参加者来说，它简直是"超级大脑SPA"和"四日游未来"。在TED演讲大会上，来自全世界各个领域的顶尖人才，将自己的创业故事、思想、技能分享出来，有分享就有相互学习，这一分享的过程也是互补和学习的过程。事实上，知识分享和学习已经成为当今社会的一大流行趋势。

在西方企业管理界，斯蒂芬·丹宁享有"故事大王"的美誉，他不仅善于讲故事，而且极力推崇领导者应通过分享故事的方法提高领导力。在其新作《松鼠公司》中，丹宁讲述了一个松鼠公司运用讲故事而获得成功的寓言。

斯蒂芬·丹宁在澳大利亚悉尼出生、受教育。加盟世界银行后，担任了各种管理职位，包括1990至1994年南非地区的总裁以及1994至1996年非洲地区的总裁。从1996到2000年，斯蒂芬任世界银行知识管理的项目总负责人，并发起了知识分享项目。

2000年11月，他被评选为世界十大最受尊敬的知识型领导之一。从2000年起，他与美国、欧洲、亚洲和澳大利亚的公司合作，研究组织中的故事和知识管理。2003年4月，斯蒂芬被评为世界最出色的200位管理大师之一。

斯蒂芬·丹宁认为，在适当的时间分享适当的故事，是在21世纪这个纷繁复杂的世界开展合作、开拓业绩所必需的一种领导技能，也是人际交往、与家人和朋友融洽相处所需的一种重要技能。经过多年的研究和实践，他发现讲故事能够达到多种目的，包括激发行动、展示自我、传播价值观、鼓励协作、消除谣言、分享知识和勾画未来等。针对的目的不同，故事的构思以及故事的讲法也应该不同。如果不知道这些不同之处，故事的效果就会大打折扣。

在从事企业管理咨询之前，丹宁曾任世界银行知识管理项目部主任。当时，他致力于把世行变成一个知识分享的组织，为此，他运用幻灯片、图表、书面报告等手段，试图让世行官员接受他的观点，但这一切努力都无济于事。后来，丹宁想到了讲故事的办法。

1995年6月，丹宁向世行官员讲了这样一个故事：赞比亚卡马那市的一位医生苦于找不到治疗疟疾的方案，最后登录美国亚特兰大疾病控制中心的网站，在很短的时间内获得了想要的全部信息。世行官员听完这个故事，很快就汇集起来讨论知识管理事务，并向行长提交了报告。1996年8月，世行行长在年度会议上宣布，要把世行变革成一个知识分享的组织。

基于自己的亲身经历，丹宁极力推崇领导者通过讲故事来提高领导力，促进企业改革。在《松鼠公司》一书中，丹宁强调的一点就是，能够在正确的时间讲述正确的故事，将成为在新世纪应对挑战和获得成功的重要领导技能。

如今，丹宁的观点已被美国企业主管普遍接受。高级管理人员对MBA（工商管理硕士）的热情在减退，对学习如何讲述故事却兴趣盎然。

为使管理人员掌握绘声绘色讲故事的技巧，IBM管理开发部专门请来在好莱坞有15年剧本写作和故事编辑经验的剧作家担任顾问，向管理人员介绍好莱坞的故事经验：运用情节与角色来制造冲突。耐克公司在多年前就设立了正式的"讲故事"计划：每个新员工要听一小时的公司故事。如今，听故事仍然是新员工受训的头等大事，因此，耐克的教育总管通常被称为"首席故事官"。

另外，越来越多的企业在专家帮助下开发有利于企业的故事。这些企业故事不仅能够讲述公司的历史，增强员工对公司的认同感，还告诉员工只要努力付出，就会有回报。

丹宁的创业故事告诉我们一个道理，当今社会，分享知识、传递故事，是一种明智的选择，只有这样，才会有更大的创业平台。

总的来说，当今世界，无论什么行业，在封闭的状况下都不可能获得大的发展，开放自己的心态，学会与人分享，就能打开自己的思路，发现商机。

故事比生硬的大道理更能打动人心

有人说，没有人会拒绝有趣的故事。小时候，我们常常会听着故事才能入睡；读书时代，我们常会为书中的故事而心向神往；看电影时，我们会为电影中的感人故事而潸然泪下……我们都爱听故事，我们的大脑也很喜欢故事。当我们试着去理解一件事情时，大脑会开始自我挑战，不断寻找建立连接和刺激的方法。我们喜欢一切有情节的东西，当看到一出好戏、一篇好的新闻，我们会产生情绪上的反应，这是大脑接受资讯后开始产生的刺激，故事有时候对大脑的影响就好比"迷幻药"一般。

其实，讲故事是社会传递共有的价值观和理想的最古老的一种方式。好故事能够触动人的内心，并且吸引人们、教育人们。它激励人们向故事中描述的行为学习，指导行为之后的结果，其宣传、教育效果远高于长篇大论的说教和贴在墙上的标语口号。因此，会讲故事、讲好故事，已经是一场成功的演讲的必备要素之一。

TED演讲同样如此。TED演讲的特点是毫不繁杂冗长的专业讲座，观点响亮，开门见山，种类繁多，看法新颖。在TED演讲中，有个重要的特色是用故事带动演讲，这样避免了普通演讲的冗长且无趣。

TED演讲的重要特点是：用故事推倒一面墙，言下之意是讲故事是增强说服力的第一要素。其实，无论是专业演说还是日常的工作中，我们都需要说服他人接纳我们的观点。比如，你是一名企业领导，你所领导的这个团体或群体，可以是几人或几十人，可以是几十或上百人，也可以是几百或几千人。作为领导者，你每天都需要管理这个群体或团队，或是下达工作任务、做工作总结，或是提出工作意见等，以此实现领导的目标。而这一切管理工作的开展和落实，都始终离不开你的说服能力。

诺曼·文森特·皮尔（1898—1993）是闻名世界的著名牧师、演讲家和作家，被誉为"积极思考的救星""美国人宗教价值的引路人"和"奠定当代企业价值观的商业思想家"，获得过里根总统颁发的美国自由勋章。他曾经就运用电视机和收音机的方式来讲道，并且被无数人接受了。他也曾说，他在演说中最爱举例，以实例来支持自己的论点。

一次，在被《演讲季刊》采访时，他说："我知道的最好的方法之一就是将那些真实的例子引用到自己的演讲中，这样能让你的观点鲜明而清晰，也更有说服力，一般来说，为了证明一个论点，我会同时使用好几个例证。"

《畅达的写作艺术》的作者鲁多夫·弗烈区，曾在这本书的某一章的开篇就写道："只有故事才能真正畅达可读。"接下来，他又用《时代》杂志与《读者文摘》来作为例子。他说，在这两份雄踞畅销排行榜首位的杂志里，你绝对找不到一篇文章不是纯粹的记叙，你也找不到一篇不是登载了趣闻逸事。

这段话足以彰显故事的魅力。在演讲中，讲故事、举例子更能驾驭听者的注意力。相信不少演讲者已经发现，在公共场合说话，向听众传达一些观点，如果纯粹从理论上来说明，用口号来呼吁，虽然不困难，但是听众听起来难免觉得枯燥乏味。而如果通过举一些事例或者讲故事来说明，则既能有效地阐述观点，说明道理，让听众信服，又能让讲话内容充实，形式活泼，让听众感兴趣。

有人讲了这样一段话："同志们，在改革的过程中，我们一定要旗帜鲜明地肯定那些应该肯定的事物，坚决否定那些应该否定的事物。我们不能只知道肯定应该肯定的事物，而不知道否定那些应该否定的事物；也不能只知道否定那些应该否定的事物，而不知道肯定那些应该肯定的事物，更不能够肯定了应该否定的事物，而否定了应该肯定的事物。我的讲话完了。"

这个讲话，等于没讲。

有的领导在说话的时候，就是不会说实话，只会教条式地把一些话搬出来，显得空洞无味。其实，领导没有必要把一些华丽而无实际意义的语言用到说话中，毕竟说话并不是写优美的文章，说话最重要的是让听众明白你的意思。所以尽量多说实在话，少说一些冠冕堂皇的话。

那么，如何才能避免这一点呢？其实，我们在表达的时候，如果能用简单的故事来表达自己的想法，那么，就会让人清楚地明白你所想要表达的意思。

的确，只要是在公共场合讲话，故事的作用就不可小觑。你要想让听众接纳你的观点，就不可长篇大论地叙述观点，一个故事完全就可以将你想要表达的观点鲜活地传达给受众。无论你是一个群体或团体活动的筹划者、指挥者和管理者，无论是下决策、安排工作、部署任务，还是教育下属、管理下属，都离不开口才。而任何一个善于演讲和口才好的人。都善于讲故事，尤其是说服他人的过程中，他们绝不会大放厥词，叙述空洞的大道理，而是善于将好的故事运用其中。因此，我们任何人，在切实提升自己口才能力的同时，都要学会讲故事的本领。

演讲中如何讲好一个故事

前面，我们已经分析过，会讲故事对于演讲的重要性，这里，我们还需要知道怎样做才能成为一个会讲故事的人。事实上，作为演讲者，都要花点儿时间努力成为一个会讲故事的人，具有令人信服的理由，而不是干巴巴地摆数据、定方向、说一些陈词滥调。

讲故事是社会传递价值观和理想的最古老的一种方式。一个好故事能够触动人的内心，并且激励人们向故事中描述的行为学习，其宣传、教育效果远胜于长篇大论的说教。因此，会讲故事、讲好故事，已经成为成功的演讲者的重要能力之一。在适当的时间讲适当的故事，用简单的方法认识复杂的世界，是演讲者传递价值观和思想的重要技能，故事的构思以及故事的讲法各不相同。但研究结果证明，一个好的故事，至少包括下面几个关键要素：

1.要有故事情节

心理学的研究表明，当人们听到一个故事时，他们会随着故事情节经历一场旅行，以虚拟的方式被讲故事的人转移到另一个不同的世界，将自己投身到故事精神世界之中，在这一过程中，听众完成转变的程度越高，故事所起到的作用就越明显。要达到这一精神之旅的效果，前提是故事本身对听众的吸引力，引起其兴趣，刺激其快速加入进来，并主动地进行参与。

演讲中，我们在讲故事时，要尽可能多地将故事情节呈现给听众，尤其是故事中关于主人公的行动与语言。之所以要详细地描述行为，是因为当人们也遇到此类处境时，就能回忆起故事中的情景，进而有了采取行动的模仿。他们真正采取的行动可能并不正好是故事中的人采取过的，但至少有了一个行动的参考标志，这也正是讲故事所要达到的目的。

2. 故事的内容要符合演讲主题

这并不意味着我们就不能讲述组织环境之外的故事。故事的范畴很广，可以是现代的，也可以是古代的，可以是真实的，也可以是虚构的，但无论如何，故事的主题必须与演讲者所阐述的主题相关，这样的故事讲起来、听起来才有意义。

3. 讲故事要看对象和环境

构思和讲故事的时候，一定要看对象和环境，也就是要将听众的层次和需求考虑进来。毕竟，不同的人，所关心的事物是不同的。

以企业内部的演讲为例，基层干部最关心的是如何达成工作目标、完成上级领导制订的工作任务，而不是如何实现企业的战略转型。对于领导干部来说，他们关心的是企业的战略规划和决策的实施，而不是日常的管理工作。所以，构思故事时，一定要使听故事的人能够想象自己在当时的环境下是怎样解决问题的，要将听故事的听众的兴奋点考虑在内，只有这样，故事才有针对性。跟普通员工讲故事，就要帮助他们认识自我、接受现实、迎接挑战，有梦想又不好高骛远；对于知识层面较高且喜欢哲理的听众，就要向他们讲述逻辑演绎类的故事，如此便能引导他们参与思考，从而获得满足感。

4. 故事最好要有一定的戏剧性

对于听故事的人来说，一个生动形象的故事会更吸引他们的注意力。所以，我们在讲故事时，如果能够尽最大可能在其中加入一个惊奇的内容和方法，就会使故事更加令人难忘。

5.故事一定要具有价值

有效的故事能够触动心灵，给人以启发，甚至影响人们行为的改变；有效的故事，不仅能使人们分享组织的价值观，强化人们对组织文化的认同，还能帮助人们准确理解组织的发展战略及目标。美国前总统林肯对他自己讲故事本领的理解，对我们是很有启发的。他曾经说过："我相信我会讲故事这点已经出了名，但总的说我是名不副实的，因为我感兴趣的不是故事本身，而是其目的或效果。我往往用一个简短的故事来说明我的观点，从而避免别人冗长而无味的议论以及我自己费力的解释。"可见，关注故事的效果是演讲者讲故事不容忽视的因素。

掌握五个步骤，帮你讲好故事

事实上，并不是每个演讲者都擅长讲故事。要讲好一个故事，需要从以下五个步骤着手：

1.细心观察，挖掘故事素材

要讲好一个故事，博闻广识是前提，但还需要你具备已成习惯的观察力和深刻的洞察力，要在生活中多多留心，将日常生活中有趣、深刻的故事素材记录下来，然后进行整理，进而获得有效的故事材料。

2.认真研究，找到故事背后的价值和意义

在有了故事素材后，我们需要剖析故事，且找到故事表层

和深层次的价值与意义。

比如,如果你的讲话主题是某品牌价值,你可以收集一些有关此品牌的细节,但这些细节并非结论,你可以继续深挖这些细节,进而找到更有助于阐述品牌价值的东西。

3.认真筛选,找到符合演讲主题的故事

那么,你需要哪些故事呢?我们进行了总结:

第一类,能承载理想、信念、使命的故事。

第二类,能展现核心思想、价值的故事。

第三类,能体现成功与失败经历的故事。

整体而言,我们所筛选的故事必须彰显出我们说话的主题和目的。在拿到故事素材并按照自己所要说的主题进行筛选后,就要记录和整理故事,因为很多故事的主人公并不是我们自身,我们要想熟练使用故事,就必须对故事进行一番再处理。

例如,美国环保署曾组织了一个名为"领导传统"的项目。在这一项目中,组织者让工作人员与六十名管理者进行了采访,并拍摄成了录像,意在阐述该公司对环保工作的重视,以及在环保领域内的教训与建议。这些管理者都在环保署工作长达几十年,有的甚至马上就要退休了。

4.按照一定的模式组织故事

是故事就有模式,一般来说,故事开头需要阐述背景,激发听众的兴趣;主体强调冲突;结尾解决问题,并且给出经验教训——寓意或主旨。

从沟通的角度看,在组织故事的时候,无论故事是你的还是别人的，有几点你都要注意：

第一，故事在传达给听众后，听众能明确领会故事的意义，而不需要我们牵强附会地将意义强加到故事上。

第二，即便故事的意义是统一的，听众也会仁者见仁，智者见智，得出各自的结论。为此，除了故事本身陈述的意义，还要注意预料之外的意义。

第三，讲故事必须客观，尽管可以渲染，但不能夸大其词，让故事失去了其真实性。

面对不同的听众，具体把握同一故事的长度变化不无裨益。在说话的时候，用较长的版本，但在印刷材料中，精简版则是最佳之选。

5.丰富你的故事

丰富故事的方式有很多种，其中就有讲自己的故事。我们作为故事的主角，对于故事会更加清晰透彻，也更能用情绪带动现场氛围。

除此之外，还有非语言沟通的方式。比如，一些照片、视频、动画、文章乃至现场的座椅等，都可以是象征的一种形式，它们提供了故事传播和流传的载体。这一沟通形式所具备的力量已经被很多演说者所证实。

那么，对于你来说，有哪些物品象征了你所讲的主题？你收到的第一张服务款支票？护理员穿的护理鞋？下线的第一件产品？你真正要注意的是以积极的方式，在你的听众中，释放这些象征的力量。

以上五种，并不是每个演讲者都会用到，这需要根据你的演讲主题和所遇到的具体情况进行规划和总结。但无论如何，运用故事的方式很广，讲故事在演讲中更具灵活性，也更易被听众接受。

自己的经历，就是最好的故事

我们都知道，演讲的目的是传达自己的观点，让听者接受自己的想法和意见。而为了增加话语的可信度，我们可以适当地讲一些自己的经历，因为自己的经历就是最好的故事，可信度也更强。为此，我们在演讲时可以适度提及自己的亲身经历。

曾经因主演科幻剧《西部世界》而获得第70届黄金时段艾美奖剧情类最佳女配角奖的坦迪·牛顿，曾在TED舞台上诉说了自己曾经的挣扎与纠结。

在TED大会上，她说："我于70年代出生和长大在英格兰的海边，我的父亲是康沃尔的白人，母亲是津巴布韦的黑人。可以想象，我的父母这样的组合在其他人看来是多么'不协调'，并且，生命是神奇的，棕色皮肤的我就这样诞生了。从五岁开始，我就感觉自己与这个群体格格不入，在全白人的天主教会里，我是那个黑皮肤的小孩，我与他人是不同的，而那个热衷于归属的自我却到处寻找归属感。

这种认同感让自我感受到存在感和重要性，这点是如此重要。如果没有自我，我们根本无法与他人沟通。没有它，我们无所适从，无法获取成功或变得受人欢迎。但我的肤色不对，我的头发不对，我的过去不对，我的一切都是另类定义的，在这个社会里，我其实并不真实存在。我首先是个异类，其次才是个女孩。我是可见却毫无意义的人。

这时候，我敲开了另一个世界的大门：舞蹈表演。那种关于自我的唠叨、恐惧，在舞蹈时消失了，我打开自己的四肢和身体，成为一名不错的舞者。我将所有的情绪都融入舞蹈的动作中去，一跳起舞来，我整个人就不一样了，而这一点，是我在生活中无法做到的。

……

我也深信，作为演员，或是作为个体，我的成长都是源于我缺乏'自我'，那种缺乏曾经让我非常忧虑和不安。我总是不明白为什么我会那么深地感受到他人的痛苦，为什么我可以从不知名的人身上看出他人的印痕，是因为我没有所谓的自我来左右我感受的信息吧。我以为我缺少些什么，我以为我对他人的理解是因为我缺乏自我。那个曾经使我深感羞耻的东西其实是种启示。

……

我们共生共荣，并不要太过激进、着急。试着放下沉重的自我，点亮知觉的火把，寻找我们的本源，寻找我们与万事万物之间的联系。我们出生时就懂得这个道理。不要被我们内心丰富的空白吓倒，这比我们虚构的自我要真实。想象一下，如果你能接受自我并不存在，你想要如何生活，感恩生命的可贵和未来的惊奇。简单的觉醒就是开始。"

这里，坦迪·牛顿的演讲长达13分52秒，她从自身的出生经历开始说起，向听众们阐述了自己苦苦追寻自我和归属感的过程。从自身开始说起，直言不讳地表达出"一个人的一生，就是一边成长，一边不断地寻找自己"，告诉听众应该学会接受自我，获得轻松。

在演讲中讲述自己的亲身经历，更容易引起共鸣。但是，一些演讲者却不愿意讲自己的个人经历，他们认为那些事实太琐碎和局限，他们更愿意讲一些空洞的概念和哲学理论。但他们忽略的是，听众也是平凡的人，那些平凡人的平凡事更能打动他们，他们想要听的是一些新闻，但你们却总是说各种各样的社论。说社论并没有错，但是最好还是由那些更有发言权的人来说，比如，那些报纸的发行者或编辑。因此，演讲者们还是诉说那些生命对你自身的启示吧，你自然会有听众。

现在的刘辉已经是某汽车品牌在某区域的销售经理了。他从刚开始的汽车销售员到现在，只不过用了短短两年的时间，而他的销售能力一直是有目共睹的。在现在每个季度公司的演讲大会上，在提到如何提升销售业绩的时候，刘辉都会拿出自己当年做销售员时候的真实案例与大家分享。今年，他讲话的重点是"人际关系在销售过程中的重要性"。

他讲道："很多同事问我，到底怎样才能把车卖出去，到底怎样才能在茫茫人海中找到客户？这里，每个人都有自己的方法，但作为我个人来讲，我发现，提到业绩，我就不得不想起我的这些朋友。在这里，我由衷地感谢他们。可能你们会问我为什么要这么说，你们还记得吗？当初刚来公司的时候，我的主要工作是推销汽车。那时，你们总是问我为什么总是工资不够花，那是因为：不是今天这个同学结婚送礼，就是明天那个朋友家里需要钱。但正是这些付出，才有今天的成就，正是这些朋友帮了我。可以说，我现在的成就都是我这些朋友的功劳。我常常和那些销售新手说，与其在外面辛苦地寻找客户，还不如从身边的人开始挖掘。只要我们经常和这些朋友联系，同学有事要主动帮忙，多关心他们，那么，他们一定很乐意为我们的业务提供帮助。"

当刘辉说完这些，台下响起了一阵阵热烈的掌声。

这里，已经升为领导的刘辉在公司年会上发表讲话，对于如何提高销售业绩这一问题，他并没有长篇大论、阐述销售专业知识，而是告诉下属自己是如何做的，让下属们自己得出结论——重视人际关系，将有助于提升销售业绩。

为此，你可以从以下几个方面谈及自己的经历：

1. 成长历程

只要是与你的家庭、童年回忆、学校生活有关的题目，一定会吸引听众的注意力，因为你在曾经是如何解决困难、如何挑战自我的，最能引起共鸣。

2. 与众不同的经历

你有没有遇到过名人？有没有去过战场？有没有做过别人望而生畏的事？这些经历都可以成为最佳的讲话材料。

3. 奋斗历程

这样的题目富有人情味，也是吸引听众注意力的最保险的题材。比如，你可以讲述自己在早期是如何为幸福生活努力的，是如何创业的，是如何从事某种很有难度的工作的，你的事迹能给听众鼓舞，让听众燃起克服任何困难的决心，是富有正能量的。

4.讲讲自己的工作经验

如果从事某一领域的工作多年，那么，你可以说是此方面的专家，如果你用自己的工作经验来讲述某一问题，也是能让听众产生兴趣的。

5.兴趣、爱好、业余娱乐方式等

这方面的题目要依据个人喜好。如果你确实对某件事十分热爱，并且有着自己独到的见解，那么，通常来说，你不会出现什么失误，也是能把这一问题讲得十分有趣的。

因此，每一个正致力于提升自己讲故事能力的领导者，在为讲话准备前，不必把自己要说的内容都写在纸上，然后背下来，也不必临时抱佛脚去看杂志，而应该在自己的脑海里挖掘一些关于你自己的故事。你完全不必怀疑你说的话太个人化，这样的讲话才真正是让人快乐的、动人的。

第2章

更新你的大脑，让TED带给你全新的演讲体验

我们都知道，TED大会所分享和倡导的就是创造性思维，提倡科技改变世界的理念。正因为如此，每年各个行业尤其是计算机、人工智能行业的精英都会汇聚在TED大会上，而这些都是突破传统思维的产物。因此，无论是从演讲模式还是演讲内容与技巧上，我们都要强调创新，只有打破传统模式的演讲，才会令听众耳目一新。

故事，能最便捷地传递你的思想

对于任何一名演说者而言，考虑最多的就是如何让我们所表达的观点更具有说服力，如何能让我们的演讲让倾听者产生共鸣，如何让我们的演讲对倾听者产生影响，并使之久久难忘呢？

李中莹曾说：我们能记住一件事，往往都是那件事情所带给我们的情绪。比如，三年级时被老师罚站，因为什么罚站可能我们根本想不起来了，但是罚站所带给你的感受，才是让你不能忘怀的记忆点。如何才能让我们的演讲与倾听者形成情感上的共鸣呢？答案就是——故事！

故事能有效地吸引人的注意力并激发共鸣，在那些真实或是虚构的故事中，无形的世界观和价值观也逐渐建立起来。听故事，是最便捷的获取信息的方法，更可以拉近与倾听者之间的距离，引起情感上的共鸣，这种共鸣，是自然而然的代入感，润物细无声的信息传递。简单的一句真理，可能因为晦涩难懂而不被人接受，但是将这个真理融进故事当中，人们就会心领神会地全盘接受。

对于演讲界大家熟知的TED演讲，也主要以叙述故事为主。比如，作家凯西·杰拉德曾在TED大会上发表过一篇名为

《勇敢地做自己，你才能活得更自由》的演讲，他说："我们被教导生活的方式必须改变。很多时候，我们隐藏自己的部分以适应环境，赢得赞美，被更多人接受。但是以什么为代价呢？"在这个鼓舞人心的演讲中，杰拉德分享了他为在美国社会的高层取得成功而作出的个人牺牲，并说明为什么我们应该鼓起勇气，活出自己。

他在开头就阐述了自己的故事：

"今年夏天，我母亲打电话来想对我进行干预，她偶然看到了我回忆录中的几段话。这回忆录当时还没出版，她很担忧，让她担心的不是我的性取向问题。"

后来，他又谈到自己的经历：

"我并非生于一贫二白的轨道边，而是一贫二白的河岸边，位于得克萨斯州橡树崖地区的特里尼蒂河。在那里，我曾被我的奶奶抚养过，她是一个仆人，也被我姐姐抚养过，她在曾与精神疾病斗争的母亲失踪几年后收养了我。

正是这段从我13岁开始持续了5年的被遗弃的经历，塑造了我的人生观，并对我产生了深远的影响。在我母亲失踪之前，她是我的保护伞。她是唯一一个有别于其他人，似乎和我一样奇怪的人，美丽而奇怪，有点儿像《欲望号街车》里的布兰奇·杜包尔斯，以及20世纪80年代的惠特妮·休斯顿。"

很明显，讲故事能快速将听众的注意力拉到演讲中来，这比冗长的理论知识有趣多了。

演讲中的故事无非就是增加说服力的一种方式，说服力被亚里士多德分为三个要素：

喻德——可信度。当我们对一些人的品质、经历、身份认同时，也随之会认同他们的观点。

喻理——运用数据、逻辑推理来说服他人。

喻情——运用情感来打动他人。

布莱恩·史蒂文森曾在TED大会上发表了一篇名为《我们来谈谈不公》的演讲，这篇演讲被称为"最具说服力的演讲"。有人曾对这篇演讲进行分析，发现其中喻德类词语占比10%，喻理类词语占比25%，而喻情类词语达到65%。也就是说，仅凭借逻辑你是无法说服别人的。

所以，我们演讲中的故事，一定要"小"之以理（喻理），"大"之以情（喻情），如此才能达成理想的说服效果，才可以用故事把你的思想和情感植入观众的大脑。

在所有TED演讲者所运用的故事中，无非就是三种：个人的故事，他人的故事，产品或品牌的故事。

我们在构建、讲述这几种故事的时候，需要注意以下几点：

1.富有人情味的个人故事

我们在讲个人故事时，因为是自己的经历，所以我们在表述起来更加容易投入感情。而我们要让这个故事富有人情味，就要使用大量的描述性语言和生动的表达，这样才能让听众感同身受，与你共情。

2.数据——增加他人故事的可信度

我们在讲他人故事时，要运用数据和分析来赢得更多的可信度，用幽默或动情的语言来和听众一同感受他人的故事。因为在讲述他人故事时，我们已经植入了自己的思想，所以听众听完故事后得出的结论大多就是你想要的那个结论。

3.在品牌故事中，避免空洞的专业术语

我们在讲产品或是品牌的故事时，尽可能使用类比、比喻的修辞方法，避免行话和套话，如"领先""解决方案""生态系统"等空洞、无意义的词汇。我们可以使用调动他人感官的语言，比如：整个房间充满了雨后青草的芳香……

而且，我们所要讲述的产品和故事，必须最大程度与倾听者的情感取得联系，从而避免和听众产生距离感。

如果能够在演讲中讲述一个入情入理的故事，那么我们离成功的演讲就更近了一步。

TED大会强调思维要有先进性和独创性

现代社会，创新的重要性早已毋庸置疑。爱因斯坦说："想象力比知识更为重要。"在创新的过程中，最可怕的是想象力的贫乏。可以这样说，人的一切发明与创造都源于想象力。一个人一生的成就，全归功于他能建设性地、积极性地利用想象力。有与众不同的想法，才能有与众不同的收获。

事实上，世界著名的TED大会，就是以分享创意为主线，强调思维的先进性和独创性。它告诉我们所有人，无论做什么，都要有灵光的头脑，善于创造性思维，不能钻牛角尖。这条路走不通，不妨另走一条，多一条路多一道风景。思维一变天地宽，勤思考，善于逆向、转向和多向思维的人，总能找出解决问题的方法，总能以最少的力气，做出最满意的效果。

我们羡慕乔布斯的成功，更惊叹于他的智慧，但乔布斯身上值得我们学习的，远不止此，他的口才更是惊为天人，他有着出色的演讲能力和技巧。

乔布斯的演讲曾收入TED最值得推荐的演讲之一。有人说，乔布斯是全世界企业家中最会讲故事的人。在过去的30年里，他已经把产品发布和展示发展成为一门艺术。

在演讲中，一件事情经过他的描述后往往变得清晰明了，也能点燃听众的热情，引起听众的共鸣，他会用一种调侃的方式来吊听众的胃口。"乔布斯像驾驭一支交响乐队一样控制演讲的节奏，有起伏、有渐变、有高潮，最后为听众创造一个意料之外的结果。"

我们都想要拥有乔布斯的智慧，但其实，智慧来自对思维的开发。打破固有的思维习惯，转而运用灵活的思维模式，你会发现，在第三产业逐渐发达的今天，只要能感觉敏锐，并能有的放矢地解决问题，那么，你即使没有足够的物质后盾，也能获得成功，获得财富。

在一家科技公司的成立大会上，这家公司的年轻总裁讲了这样一个故事：

"曾经，在英国的一所中学内，有一名清洁工，这名清洁工在学校内已工作多年。然而，随着老校长的离去，学校来了一名新校长，新校长发现这名清洁工是一个文盲，他怎么能容忍这一点，所以，这名清洁工就被解雇了。

第2章 更新你的大脑，让TED带给你全新的演讲体验

清洁工痛苦万分，因为对于他这样一个文盲，到哪儿去工作都将面临困难。但痛苦的他并没有自暴自弃，他开始思考这样一个问题：我真的一无是处了吗？突然，他高兴了起来。原来，他想到了他的手艺——做腊肠。他做的腊肠曾深受学校师生的欢迎。基于此，他产生了做腊肠生意的念头，而且他做得很好。几年后，在英国有人不知道莎士比亚，不知道劳斯莱斯，但没有人不知道他，这名清洁工叫霍布代尔。

在我们身边，有很多和故事中的霍布代尔一样的人，他们没有高学历、没有雄厚的资金、经常被别人看不起，但他们懂得运用少数派策略。于是，他们努力寻找自身的长处，然后将之充分发挥出来，最终，他们也获得了别人不曾预料到的成功。

在我的公司，任何一位员工，我绝不要求你有高学历，要求你能言善辩，但我要求每个人都必须有创新精神，这是我对大家的唯一要求。"

听完这番话，场上响起了热烈的掌声。

的确，人的可贵之处就在于创造性思维。正如一个哲人所说："你只要离开常走的大道，潜入森林，就肯定会发现前所未有的东西。"同样的道理，成功与创新是难以分割的两个方面。一个企业要想稳占市场，必须跳出传统守旧的观念、创造新契机。驰誉世界的迪斯尼小路就是这样产生的。企业家不是天生的，他们的经历告诉现代企业的领导者们，创业难，难就难在创新和变革这关，谁能迈得过去，成功之门就会为谁打开。美国管理专家德鲁克曾说："创新是创造了一种资源。"

事实也的确如此，不破不立，要实现创新与变革的前提便是"破"，也就是淘汰旧产品、旧体制。

那么，当提到铅笔的用途的时候，你能想到些什么呢？可能你会说"书写"，但实际上，这只是铅笔的通常用途，你至少可以得出这样多的答案：绘画、当发簪、当书签、当尺子画线，它削下的木屑可以做成装饰画，在遇到坏人时，削尖的铅笔还能作为自卫的武器……所以，千万不要以为铅笔只有一种用途——写字。这就考验了你的思维能力。如果不能做到转换思维思考问题，那么，可能你就能找出为什么你总是不断尝试却不断失败了。

在人生的旅途上，不仅需要信心、激情和坚韧，还需要清醒的头脑，需要理智地经营。跌倒的时候，先别急着爬起来，不妨看看是什么绊住了自己。只有找到摔倒的缘由，才能不再重蹈覆辙，才能避免更大的失败。

每个人都希望自己做事能有一个好的角度，从而把事情做得尽善尽美。好的角度，当然是从思维而来。只有运用头脑，积极思考，转换思路，不断寻找新的做事方法，你才能够发现和创造更多的机会，实现自己的目标，改变自己的生活。

一场脱稿演讲，让你与众不同

我们都知道，演讲能训练一个人的说话能力。而演讲的形式有很多种，其中就包括脱稿演讲。与带稿演讲相比，它的难

第2章　更新你的大脑，让TED带给你全新的演讲体验

度要大得多，演讲者更容易在说话时出错，因此更考验演讲者的知识储备和语言表达能力。

任何一个演讲者，要想如TED演讲者那样拥有精湛的演说技巧，就要注重脱稿演讲的练习。在抛开演讲稿的情况下，你如果依然能口吐莲花，那一定能给听众留下深刻的印象！

为此，TED演讲者建议所有演讲技巧练习者：千万别照着读，不要使用提词器。因为台下的人们很容易看到你正在使用提词器，而一旦看到，他们就会疏远你，认为你的演说太官方了。所以，在TED，我们一般不允许照着读的行为，但也有一些人坚持使用提词器。为此，我们将屏幕设置在了观众席的最后面。一开始，可能这名演说者很自然，可说一会儿就愣住了，因为观众发现了他在照着后面的提词器读。可想而知，人们不快的情绪马上就涌现了，并且，这种情绪很快在观众席上传递。虽然他的演讲可能并无错处，但评分却很低。

实际上，那些最受欢迎的TED演讲都是脱稿的。对于任何演说者来说，进行脱稿演讲的训练，也能提升自己随时说话的能力。脱稿演讲与一般的演讲不同，做好脱稿讲话，不仅需要我们有着出色的说话能力，还考验到我们的思维能力。在脱稿讲话中，假如一个人的说话内容和方式都是一成不变的，听众就会失去兴趣，即便他说话时多么委婉动听，听众也会昏昏欲睡。如果你的讲话方式呆板僵硬，不仅达不到自己的演说目的，而且还会让听众觉得你是一个枯燥无味的人。

1926年，正值国际联盟第七次会议在日内瓦召开，卡耐基参加了这次会议，对于当时的情况，卡耐基后来做了笔记。过

了一些年，卡耐基再次拿出笔记，看到了笔记中的这一段："我已经听完了三四个死气沉沉的演讲了，这些演讲简直就是照本宣科。接下来，是加拿大的乔治·佛斯特爵士上台了，我注意了一下，发现他的手上没有拿任何的纸张和文件。此时，我感到眼前一亮，实在很值得赞扬。在他要集中注意力演讲的问题上，他会带有一些手势，以此来强调他的观点，他也很热情，他希望听众能了解他内心珍藏已久的观点，这种渴望很真实，就好比窗外日内瓦湖那般清澄明白。在演讲培训课上，我一直强调要运用的那些重要的法则，在他的演讲里，我全看到了，而且展露无遗。"

卡耐基说，自己经常会想起乔治爵士的演讲。在他的演讲中，他表现得真诚、热心，而一个人只有对自己的题目充满热情，是真心所想，才能有如此真实的表现。

这就是脱稿演讲的魅力，其实，很多有权威的演讲家，他们都深知这一点。

卡耐基曾参加过一次演讲——那是一家制药公司的新实验室的落成典礼，发言的六个人是该公司研究处处长的下属。他们讲述的内容是生物学家和化学家正在进行一项了不起的工作——他们正在研究抵抗传染疾病的新疫苗，是一种能对抗过滤性病毒的抗生素，还有疏解紧张情绪的新镇静剂。他们刚开始是在动物身上做实验，后来是在人的身上做试验，结果都让人满意。

来参加这场演讲的还有商场的领袖和政府的官员，其中一位官员站起来对这位处长说："这简直太不可思议了，你知道吗，你的手下都是魔术师，那么，你怎么不站起来讲讲话呢？"

没想到，这位处长低下头说："我只敢对自己的脚说话，却不敢面对公众。"

坐在身边的主席则说："到现在为止，我们还没听到过我们的处长讲话，我不喜欢发表正式的演讲，要不我们就请他随便说几句吧。"就是这样一番话，让这位处长感到很吃惊。

然后，这位处长慢吞吞地站起来，然后挤出了几句话，他知道自己说不好，所以一直在道歉，这些道歉的话就成了他说的全部内容。他就一直站在那里，他在自己的行业里可谓是高精尖的人才，但在说话时却与普通人没什么两样，显得很笨拙。

其实，当众说话没什么难度，他完全可以作一场脱稿讲话。在卡耐基的训练班上，没有任何一位学员不会这一点。这位处长所拥有的，大概就是学员们所没有的——坚决、勇敢地站起来讲话，并击倒别人的意志力和态度，就是一种无论多困难也要坚决演讲的勇气。

那么，我们要想让自己的脱稿演讲带动听众的热情，具体该如何做呢？

1."厚积"才能"薄发"

做好脱稿讲话，不仅需要我们的嘴上功夫，还需要平时的积累。因此，我们必须注重知识的积累、语言的积累、经验的积累。茶壶里有饺子才能倒得出来，有深厚的积累和扎实的根底才能做到言之有物、言之有据、言之有理、言之有效。心虚气短、心浮气躁的人是无论如何也讲不到"点子"上的。

2.带着真诚讲话，用真诚感染听众

福胜·J·辛主教在他的《此生不虚》一书里写了这样的片段：

"当时，我被选中参加学校组织的辩论赛，可就在辩论的前一天晚上，学校的辩论教授将我叫到了他的办公室，然后劈头盖脸地训斥了我一顿。

'你就是个不折不扣的饭桶，我们学校从没出现过你这么糟糕的演讲者。'

'可是，既然如此，你们为什么还选我进辩论队？'

'这是因为你会思考，而不是盲目演讲。去那边将演讲稿拿起来，然后从中抽取一段，再讲一遍。'于是，我按照教授的意思，将那段话反复复述了一个小时。后来，他问我：'看出其中的错误了吧？''没有。'于是，又是一个半钟头，最后，我实在没力气了。教授问：'还看不出错在哪里吗？'

"又两个小时过去了，我终于找到了关键问题。我说：'现在我知道了，我的演讲没有诚意，我只是纯粹地背诵演讲词，我心不在焉，没有表达自己的情感。'"

经过这一件事，福胜·J·辛主教获得了受益终身的演讲心得：要让自己沉浸在讲演中。因此，他开始让自己对题材热心起来。直到这时，博学的教授才说："现在，你可以讲了！"

3.善思考

人是思考的动物。善思考，才能出观点、出新意。不思考，就会人云亦云，没有真知灼见；就会老生常谈，提不出新思路、新见解。

总之，在日常讲话过程中，我们如果希望自己的讲话引人入胜，就不妨适时脱稿，将自己融入演说过程中，进而带动听众的热情，达到我们的讲话目的。

使用辅助工具，将演说主题绘声绘色地表演出来

生活中，我们每个人都有好奇的天性，如果心中一旦有了疑团，非得探明究竟不可。在演讲中，我们也可以抓住听众的这一心理，激起听众的好奇心。比如，我们可以在讲话之前，先拿出一件物品，肯定会让在座的听众挺直身子。他们会猜想：他要表演魔术吗？这就引起了听众的好奇心。展示的物品可以是一幅画、一张照片或任何一件其他实物，只要有助于讲话者阐述思想，能引起话题就可以。

我们都知道，任何演讲，都要以一定的话术开场。然而，万事开头难，演讲中的开场也是如此。视觉辅助工具可以帮助你更好地传达你的思想，让你的演讲更加生动。

例如，TED演讲者汉斯·罗斯林在他的演讲中使用了动态图表来说明全球人口和收入的变化。

又如，在印第安纳波利斯召开的TED青年大会上，吉尔·泰勒博士曾讲述为何处于青春期的人们会感觉自己的行为不受控制。一开始，她带上了自己的道具——人脑，震惊了全

场，然后陈述人脑的发育过程，以及为何青春期的人有种种"出格"的行为表现。最后，吉尔博士给出了自己的看法：青少年并不是"发疯"了，而是生理原因，并且，这种行为到了25岁后自然就会有所好转甚至消失。

的确，伟大的演讲者会把故事绘声绘色地表演出来。吉尔博士很清楚，她如果讲得不够精彩，就不能打动她的观众。

我们来看下面一个小故事：

某天，推销员杰森来到某小区，准备向其准客户推销一套价格为280美元的厨具。

他按响了门铃，客户站在门口问他做什么，还没等他将来意说完，客户就当场拒绝了他："我是不会购买这种又贵又没用的东西的，请你走吧。"

客户态度如此坚决，让杰森碰了一鼻子灰。但杰森想，决不能放弃，一定有方法可以让客户接受自己的产品。

第二天一大早，杰森就又来了。

这次，客户的态度还是和昨天一样，一看到来推销的杰森，还是坚决地说："昨天我不是已经说了吗？我不需要你的东西。"这次，杰森并没有急着介绍自己的产品，而是从口袋中掏出一张1美元的钞票，当着客户的面把它撕碎，对客户说："你心疼吗？"客户吃惊地看着他，心想，这人真是疯子。杰森没等客户回答就离开了。

第三天早上，杰森又在同一时间来到客户家。客户开门后，杰森又掏出一张1美元的钞票，当着他的面把它撕碎，然后问："你心疼吗？"

客户说:"我不心疼。这又不是我的钱,你要是愿意,可以继续撕。"

杰森说:"我撕的不是我的钱,而是你的钱。"

客户很奇怪:"怎么会是我的钱呢?"

杰森并没有马上回答客户,而是停顿了一会儿。这时,客户急了:"你倒是说呀。"

此时,杰森才缓缓地说:"您自打结婚起,住在这房子里已经有20年了吧。如果这20年。你使用我推销的烹调器具做饭,每天就可以节省1美元,一年360美元,20年就是7200美元,不就等于撕掉了7200美元吗?你今天还是没有用它,所以又撕掉了1美元。"

客户被他的话说服了,立刻购买了杰森的产品。

案例中,厨具推销员杰森之所以能转败为胜,就在于他近似"疯狂"的举动——撕毁钱币,这大大引起了客户的兴趣,进而打开了销售的局面。

一家钢铁锅炉公司的主管们需要对代销商们讲解关于锅炉的燃料是从底部加进去的,而不是从顶部。那么,怎样解释清楚这一问题呢?

这些主管在一起协商后,想出了一个简单却有效的方法。其中,为首的主管在开口前先点燃了一支蜡烛,然后说:

"大家看到了吗?多么明艳的火焰哪,它蹿得多高。这是因为蜡烛的燃料都转化成了热能,不过我们可以看到,它并没有冒烟。

"我们不难看到,蜡烛的燃料是从蜡烛底部开始往上供应的。其实，我们的钢铁锅炉也是如此，也是从底部添加燃料。"

"现在，我们来假设一下，这支蜡烛是从顶部供应燃料的，那就如我们曾经使用过的那种手拨的火炉一样。（说到这里，说话者将蜡烛倒置了）

"大家请看火焰是怎样熄灭的，烟味是不是从现在开始变了？火焰也变红了？这是因为火焰不完全燃烧，最后，因为燃料是来自顶部的，所以熄灭了。"

很明显，这家钢铁公司的主管们向代销商介绍产品的方法是独特且直观的。我们在演讲中运用道具，能起到很好的辅助作用。

亨利·罗宾逊先生为《你的生活》杂志写了一篇有趣的文章《律师怎样赢官司》。在这篇文章中，有一位名叫亚伯·胡莫的保险公司的律师，在接手公司的一起伤害诉讼时，他巧妙地运用了戏剧性的展示表演。

原告碑波士特先生说，他因为在电梯摔倒，从楼上滚到楼下，感觉肩膀严重受伤，现在都无法举起自己的右臂了。

胡莫先是表现得很关心的样子，然后充满信心地说："现在，碑波士特先生，请让陪审团看看，你大概能将手臂举到多高。"碑波士特按照他的话去做，然后十分小心地将手臂举到了耳边。接下来，胡莫又说："现在再让我们看看，受伤前，你能把它举起多高？"胡莫明显是在怂恿他。"像这样高。"碑波士特说着马上伸直了手臂，把手臂举过超过肩膀的高度。

的确，在演说中，如果在一开始，我们就照本宣科地叙说，很明显是枯燥乏味的，此时，我们只要使用一点儿小小的技巧，就能让听众"心随你动"，这一技巧就是演示法。除了自己使用道具外，我们还可以挑选听众来帮助你演示，将你的观点戏剧化地展现出来，从而让你的演说表现得妙趣横生。只要其中一个听众被带入到演示中，其他的听众就会注意力集中起来，看看究竟要发生什么事。

要脱稿，更要有即兴讲话的能力

在演讲界，有这样一句话："不脱稿，无TED。"在TED大会上，演讲者只有18分钟的演讲时间，因此他们会在会前做大量的准备工作，这样才能在大会上侃侃而谈，将自己的思想和理念分享给与会者。但即便如此，大会上也有一些参加者会通过即兴演讲来分享观念。

比如，即兴演讲大师安东尼·维内基亚就曾在TED大会上发表了"在亲密关系门外踟蹰"这样一次即兴演讲。演讲结束后，与会者给予了热烈的掌声。

同样，现实生活中，我们几乎每到一处都有可能被要求讲几句话或一段话，而且，并不是每次讲话都有写好的讲稿，这就要求我们具备快速组织语言的能力，也就是即兴发表讲话。即兴讲话是一种在特定情境下实现没有准备的临场说话的口语模式。

的确，现代社会，出于商业的需要和现代人沟通的习惯，我们每个人都要掌握即兴发言的能力。相对来说，生活中，人们在说话时的语言表达多半是即兴的。比如，朋友相遇时的寒暄、酒桌上要言不烦的祝辞等，每个人都不可能拿着稿子去念。因此，即兴讲话对我们每一个人来说非常重要。如果没有即兴讲话的技巧，遇事则脑门充血、无言以对、颠三倒四、哼哼唧唧。相反，学会即兴讲话，能让我们在各种社交场合如鱼得水。

事实上，任何一个只要是能控制自己的正常人，其实都可以作出令人接受甚至是精彩的即兴演讲。卡耐基经过分析和研究发现，我们是能够找到一种或者几种方法来帮助我们在被人突然邀请上台的情况下流畅地说几句的。

在卡耐基的训练班里，他会经常请他的学生站起来作即兴演讲。卡耐基称，这样的练习对提高演说能力有两方面的作用：

——它能增强学员的信心，让他们相信自己也是能站着思考的；

——有了即兴演讲的经历，他们在做有准备的演讲时，也能做到不慌不忙和更有信心。

这些学员都知道，即便是对于那些可以在事先做准备的演讲，在开始演讲后也有可能头脑中出现一片空白的情况，但是他们有了即兴演讲的经历之后，就能很条理清晰地说话了，直到他们能将思维重新拉到原来的话题上。

所以，卡耐基经常会临时通知他的学员们："今天晚上大家到这里集合，到时我给大家一些不同的题目进行即兴演讲，所以只有晚上大家来这里后才知道自己演讲的题目。祝大家好运！"

真到了演讲前，大家才发现，会计师拿到了关于广告的题目，广告销售员拿到的则是有关幼稚园的；老师的题目也变成了银行业务，而银行家的题目却是教数学；伙计也被指定谈生产，而生产专家则要讨论运输。

这些学员会不会因为题目太难而放弃呢？从没有！这些学员从没有认为自己是该方面的权威，而是将自己拿到的题目和自己熟悉的知识联系起来。刚开始在这样演讲的时候，可能他们讲得并不好，但是至少他们有勇气讲，有勇气站起来。可能有些人觉得困难点儿，有些人觉得不是那么难，但总的来说，这都是一种历练和体验，他们发现，原来自己还有这样的能力。

不只是这些学员，任何人，只要有这样的意志力和信心，只要敢于尝试，你也可以做到。

为此，我们最好掌握以下几个步骤：

1.随时做好发表即兴演讲的心理准备

当你在毫无准备的情况下被大家举荐起来发表讲话时，多半情况下，大家是希望你能在大家包括你自己熟悉的某个方面给出自己的看法。

所以，在此之前，你就需要对这一情况有一定的心理准备，并要做到在最短的时间内大致梳理出你想要谈的内容，即便你不知道会被举荐出来讲话，你也要事先准备。你可以询问自己：假如我被叫上台讲话，我该说些什么呢？今天的会议上适合说什么样的话题？对于会上提出的问题，该怎样措辞才能表示反对或者赞同？

2.思考自己讲什么

有了这样的心理准备后，接下来你要做的就是思考，并且是不断地思考。思考是世界上最难的事，也是最常见的事。事实上，即便是那些已经称得上是演讲家的人，他们做的每一场演讲，也肯定是少不了思考的。而且，没有哪位演讲家是没有花时间来分析他即将参加的公开场合并做好准备的。这就好比一个飞行员，他也要不断地向自己提出任何可能的难题，只有这样，他才能随时准备去应对那些可能出现的紧急状况。任何一个演说高手，也都是在历经了无数次的演讲并进行经验总结后，才能做到把自己准备妥当的。其实细究起来，这样的演说也不是严格意义上的即兴演讲，因为在平时已经为其做过准备了。

3.组织语言

现在，我们在拿到题材之后，已经进行了心理准备和思考，再接下来我们就要组织语言，以便更适合时间和场合。既然是即兴讲话，那么，演说时间一定不会太长，你要做的就是考虑场合问题。你不必一直向公众道歉，说自己没有准备好，这本身就是一场即兴演讲。你要在最短的时间内入题，然后迅速思考，如果到现在你还做不到这一点，那么，接下来的几点忠告你一定要认真阅读了。

首先，即兴讲话最忌讳的就是信口开河，所以，你千万不要东拉西扯，将一些完全不相干的事物硬拉到一起，这样做是不行的。其次，你必须有一个中心，所有的理念、论据归纳起来都是在围绕这个中心进行，这就是你要说明的中心思想。而且，你所举出的事例也是要和这一思想相吻合的。最后，要态度真诚。假如在整个演说中，你都能抱着真诚的态度，你会发现，你的演讲是充满激情的，效果也是显著的，这是其他一些已经做足准备的演说所不能比拟的。

牢牢记住这些忠告，即便被推举出来进行即兴演讲，你也可以得心应手、无往而不胜了。

第3章

高级的演讲像好友交谈一样，向 TED 学习如何制造情感共鸣

提到演讲，一些人立即会联想到那些严肃的画面：演说者在台上一本正经地说，听众在下面认真做记录。其实，这样的演说并不是成功的。对此，TED演讲大师们有一个共同的心得：真正高级的演讲都像好友交谈一样，因为只有亲切且自然的演讲，才能让听众产生共鸣。当然，演讲中的情感吸引力并不是自然获得的，需要我们像TED演说者那样进行大量的准备工作，尤其是练习。那么，如何练习呢？接下来，我们会在本章中进行分析。

热情，是成功演讲的原动力

只要稍加了解，我们就会发现，在TED演讲中，那些最受欢迎的演讲者与各行各业传播思想的精英拥有一个共同之处——热情，并且他们热切期盼能与他人分享自己的兴趣点。正如情绪是具有传染性的一样，热情也是可以感染其他人的。

法国哲学家丹尼斯·狄德罗曾说："唯有热情，巨大的热情，才能激励人们成就伟大的事业。"

任何人，在公共场合发表演讲，最重要的是自己的语言表达要富有感染力，如此才能调动听众的情绪。演讲时，我们切忌自己一个人在台上"唱独角戏"，听众在下面却躁动不安。如果你的讲话换来的是听众毫无反应的场面，那只能证明你这次讲话的失败；如果你的讲话能够使听众喜笑颜开，并且他们能够随着你的讲话内容而思考，那就说明你的讲话是比较成功的。而通常情况下，不少人讲话都是极其枯燥的，那么，怎样才能很好地调动听众的情绪呢？这就需要我们善于围绕主题展开话题，使自己的表达富有感染力，从而成功地调动听众的积极性。无疑，这样的讲话是成功的。

不少人在讲话的时候，只充当了一个"传话筒"的作用，上面怎么说，他就怎么说，不添枝加叶，不拓展话题，最后，

第3章　高级的演讲像好友交谈一样，向TED学习如何制造情感共鸣

他们的讲话就成了千篇一律的："今天，我所讲的是……第一……第二……第三……谢谢大家，我的话讲完了。"在整个讲话的过程中，他的语言苍白无力，听众不知所云。究其根源，在于没能将话题展开，没能增添语言的感染力。

在推行节俭运动期间，卡耐基到美国银行学会纽约分会训练了一批人，其中有一个学员，他告诉卡耐基他存在严重的与听众无法沟通的问题，希望卡耐基能给他一些建议。卡耐基认为，要做到这一点，首先要做的就是让他对自己的题目产生热情。所以，卡耐基刚开始并没有给他什么特别的建议，只是让他在一边把题目再想几遍，直到他能让自己对题目产生极大的热忱。

卡耐基告诉他：纽约"遗嘱公证法庭记录"显示，85%的人去世时，都未能给自己的亲人留下一分钱，在去世的人中间，只有3.3%的人留下一万美金或者更多的遗产。卡耐基说这一点，是为了让这个学员明白，他现在所作的演讲，不是在强迫别人做无法负担的事，也不是求别人对自己施舍，而是在替别人着想。这样，在他们老了以后可以衣食无忧、可以安然自在，并且能给自己的妻儿留下一份保障。卡耐基也让他这样鼓励自己，还让他相信，这是一项了不起的社会服务。

在卡耐基讲完这些事实之后，这个学员开始认真思考，然后过了一段时间，他终于热血沸腾起来，兴趣和热情都被激发了，他突然觉得自己应该是一名战士，认为自己身兼重任。

后来，在演讲时，他用满腔的热血和信念感染了人们。他从人们的角度说话，让大家知道节俭的好处，那时，他不再是

一名演讲者，更像一名传教士，他在努力使人们产生信奉节俭的信仰。

不得不说，当众讲话最需要的是热烈的气氛，如果掌声雷动、欢呼声不断，那么就会感染讲话者的激情，使之越讲越精彩。要使你的讲话热烈起来，能够打动人，你应该注意提供一些能够使得讲话具有说服力的最可靠的方式。当然，作为讲话者，在整个讲话过程中，你应该保持高昂、激情的状态。

那么，在实际的讲话过程中，我们如何才能顺势展开话题，在语言中展现激情呢？

1.在生活中多练习快乐，快乐的人更有感染力

每天醒来，你都要给自己加油打气："我要变得快乐！"并让这个自我激励渗入你的潜意识。这样，当你出现精神不振的时候，这句话就会激发你身体里快乐的因子，让你变得积极。

2.表达你的热情

在你走上演讲台后，你应该表现出对演讲的期待，而不是痛苦。你也许并不快乐，但你必须装出快乐，你可以用轻快的步伐上台，展现你的姿态。

上台后，讲话前，先深深吸口气，不要趴在讲桌上，抬起你的头和下巴，告诉你自己，你马上就要陈述一件十分有价值的事。这就像好比宣读一个很好的消息一样，如果你的音量够大，足可以让最后一排的听众清晰地听到，那么，你会更有自信，而在一开始就使用手势，能让你的演讲更洋洋洒洒。

3.别忽略了事例

在讲话的过程中，我们要善于选择一些比较有代表性的事例来阐述问题，这样可以为你的观点增加分量，并且能够表明你的陈述是比较客观的。如果缺乏事实的依据，你的讲话就没有信用度可言。当然，也要注意，不要引用过多事实，以免听众厌烦。

总之，演讲中，我们不要指望冷漠的态度会起到感染他人的作用。热情与快乐是一对连体婴儿，听众在感受到你的热情时，自然就会对你敞开心扉，也会逐渐接纳你传达给他的情绪。

突破当众说话的心理障碍，才能侃侃而谈

有人曾研究，自1984年第一届TED大会以来，跨越各领域的演讲者，如政治家、音乐家和演员，在观众面前表现得要比不知名的学者、科学家和作家更从容，后者在演讲时往往会感到极不自在。那么，为什么会有这样的现象呢？研究者称，很大的一部分原因在于演讲时的紧张心理。而如何消除演讲中的紧张心理，成为很多演说者苦苦寻求的难题。

的确，我们任何人都明白，一个人要想在公共场合说好话，就要自信满满，而恐惧是良好表达的天敌。一个人在"不敢说"的前提下是"说不好"的，唯有卸下恐惧的包袱，在语言中注入自信的力量，你才能成为一个敢于表达的人。

卡耐基称自己一生都在致力于帮助他人消除紧张不安的心理。美国曾有一个调查，人类的14种恐惧中，排在第一位的恐惧你知道是什么吗？是当众说话！在一群人面前说话真的有这么恐怖吗？可能你也有这样的经历，学生时代，你活泼开朗，和同学们打成一片，但只要老师让你上讲台朗诵课文，你就面红耳赤，甚至结结巴巴。爱默生也曾说："恐惧比其他任何事物都更能击败人类。"即便那些演讲大师，也会紧张，只是在逐渐的努力中，他们克服了恐惧。

所谓紧张感，就是指一个人与长辈尊者、陌生人见面，特别是与异性初次见面，或者在人多的场合发言时，所表现出来的不安的、慌乱的感觉，或者说怯场。而怯场一般是由于情绪过分紧张。在紧张的情绪状态下，人的大脑皮层中形成了优势兴奋中心，从而使保持记忆中枢的内容处于被抑制状态，具体表现是回忆不起熟悉的知识。怯场心理属于一种情境焦虑。

这种紧张的表现因人而异，一般表现为脸红、手足无措、声音颤抖、流汗等，严重的还会无法开口说话或者晕倒。

对此，不同的学科专家有不同的观点。有人认为紧张是人们保护自己、提高自己声望而产生的一种行为的反抗态度，也有人认为紧张与个人气质、性格和情绪有关，还有人认为紧张是一种恐惧情绪。

美国高校的一位学者认为，产生怯场的原因主要有以下几个方面：

1.担心自己做不好

演讲中，一些人在开口前就为自己设定标准，一定要让听众接受自己的想法，一定要博得听众的掌声，一定要……但如果没有做到怎么办？于是，这种想法导致他们害怕起来。

2.准备得不太充分

任何一场临时抱佛脚、准备不充分的演讲都会让演讲者产生恐惧的心理。

3.害怕人们（听众）反应不佳

这与第一点异曲同工，对演讲效果的过早考虑，会给人们带来焦虑感。

4.早期有失败的经历

曾在众人面前丢脸，要想重拾勇气，确实不易。

5.没有充分进入角色

当然，这最后一点，也和前面四点有着不可分割的联系。

了解演讲紧张感产生的原因，能帮助我们对症下药，找到具体的解决措施，以做到在讲话中自信登台，大胆开口。

可能有些人会说，我一在众人面前说话就紧张，该怎么克服呢？对此，你可以做到以下几点：

1.坦然面对和接受自己的紧张

你应该想到自己的紧张是正常的，很多人在某种情境下可能比你更紧张。不要与这种不安的情绪对抗，而是体验它、接受它。要训练自己像局外人一样观察你害怕的心理，注意不要陷入到里边去，不要让这种情绪完全控制住你："如果我感到紧张，那我确实就是紧张，但是我不能因为紧张而无所作为。"此刻，你甚至可以选择和你的紧张心理对话，问自己为什么这样紧张，自己所担心的最坏的结果可能是怎样的，这样你就做到了正视并接受这种紧张的情绪，坦然从容地应对，有条不紊地做自己该做的事情。

2.积极暗示，进而淡化心理压力

你不妨以林肯、丘吉尔这些成功的演讲者为榜样，他们的第一次当众演讲都是因紧张而以失败告终的，并在心里作自我暗示：紧张心理的产生是必然的，也是不能避免的，我不该害怕，我只要做到认真说话，就一定能说好。抱着这样的心理，你的紧张心理会慢慢缓解下来。

3.事先应做好充分准备

准备充分，自然能自信上场。也就是说，在你开口前，你要想好自己到底要表达什么，怎样才能表达好。做好这几方面的准备，就没什么可担心的了。

4."漠视"听众，不必患得患失

法拉第不仅是英国著名的物理学家和化学家，也是著名的演说家。他在演讲方面取得的成功，曾使无数青年演讲者钦佩不已。当人们问及法拉第演讲成功的秘诀时，法拉第说："他们（指听众）一无所知。"

这里，法拉第并没有贬低和愚弄听众的意思。他说的这句话是要告诉我们，只有建立信心，才能成功表达。

事实上，可能很多人在当众演讲的时候，过多地考虑了听者的感受，害怕听者听出自己的小失误。其实，你大可不必有这样的想法，因为在说话时，谁都可能犯点儿小错误，没有谁会放在心上。再者，即使讲错了，只要你能随机应变，不动声色地及时调整，听者是听不出来的。即使有人听了出来，也只会暗暗钦佩你的灵活机智，会对你有更高的评价。

在演讲前，任何人都要克服自己的恐惧，并学会一些消除恐惧的方法，只有这样，你才能不断消除表达时的恐惧，成为一个会说话、会表达的人。

像与朋友交谈一样演讲，才能轻松自然

中国有句俗话：台上一分钟，台下十年功。为了获得最成功的演讲，每一个演讲者都应该为此全面地、精心地做准备，在经过无数次的演练之后，使你的演讲融入你的潜意识，这样才能在关键时刻达到行云流水的效果，但即便如此，我们演讲也不必拘泥于形式，而应该轻松自然。

关于这一点，TED演说者们深有感触，他们给出一条建议：请像与朋友交谈一样演讲。顾名思义，就是我们在讲话时，好似与朋友谈话一般。而这类演讲语言要求我们做到：说话平易近人、语言通俗易懂；语气亲切委婉，清新自然，音色自然朴实，不加雕饰；表情轻松，心态平和，说话真诚，语言质朴感人，动作与平时习惯无异，像拉家常式的漫谈。我们先来看看下面的演说案例：

"在座的朋友们，大家都吃过饭了吗？不能饿着肚子呀！没吃的话，我可以考虑请大家吃饭（笑声）！有人请吃饭总是开心的呀！不过大家想过吗？有很多人在吃饭的时候会时常感到伤心的。听到我这话，大家可能纳闷儿了，吃饭应该开

心呐！总不能挨饿时开心吧？这些人就是养活我们的农民朋友们！大家都知道，种水稻的辛苦不是一般人能受得了的，太阳暴晒下收割麦子，太阳光越毒辣，农民朋友们越高兴，难道这些农民朋友心理有问题？当然不是！实际上，这关系到粮食的质量。毛毛细雨下收粮食挺舒服，但是这些粮食吃起来就要发黏，颜色发黑。最终，受了很多苦，收了很多粮食，丰收后农民朋友一算账，他是亏损的，这真是一种说不出来的痛。所以，我今天要与大家谈谈粮食价格过低对经济的影响！"

这样一段演讲，语言朴素、亲切自然，好似闲话家常一样，一下子就拉近了与听众的距离。

对于参加TED演讲大会的人来说，他们大都是富有活力和精神抖擞的人，他们不只是参与演讲，更是把TED大会看成是一场分享会和交流会，他们也不拘泥于严格的演讲过程。的确，在演讲过程中，如果你过于严谨和局促，如果你的声音、手势和肢体语言与你的话语不协调，观众就会怀疑你传递的信息的可靠性。正如你有一辆法拉利跑车(一个美妙的故事)，却不知道怎么开(表达)一样。

从心理学的角度看，人们都有这样的心理，在与人交谈的过程中，如果对方能感同身受，人们是愿意接纳对方的。因此，作为演讲者，你如果想你的话能发生效力，且非要将你的话一吐为快时，那在演讲的时候就不应该单是报告一些事实，还应该把你的听众当成你的朋友，并亲切地与他们交谈，只有真情实感，才能打动听众。

卡耐基曾与美国和加拿大的很多小学生一起聚会并发表演

第3章　高级的演讲像好友交谈一样，向TED学习如何制造情感共鸣

讲，他发现一点，要想让这些孩子对自己的演说产生兴趣，就必须多讲些与人有关的事。一旦他讲到那些抽象的概念时，这些孩子就显得不耐烦了：他们开始坐不住了，要么是对隔壁的孩子做鬼脸，要么是在座位上晃来晃去，或者在座位上互相丢东西。

还有一次，卡耐基让巴黎的美国商人讲讲成功的问题，这些演讲者大部分都罗列那些抽象的大道理：勤奋工作、要有远大抱负并且持之以恒等。

在他们讲到一半的时候，卡耐基站出来阻止了他们："谁都不想听别人的说教，没有任何人会喜欢的。要记住，要想演讲成功，就要让你的演讲变得有趣，让大家感到愉快，至于你到底说什么，其实大家不会太在意的。还有要记住一点，世界上最为有趣的事，通常都是那些精致的奇闻趣事。所以，我希望你们能讲所认识的两个人的故事，讲述他为什么一个会成功，而另外一个却失败了。我们不但乐意听这样的故事，而且能从中收获知识。"

在卡耐基的训练班上，有一位学员，他总为一件事感到苦恼，他认为要提高自己的兴趣和激发听众的兴趣都是很难的事。然而，有一天晚上，关于"人性故事"，他向其他学员讲述了两个关于他大学同窗的故事。

第一个人，他为人小心谨慎、锱铢必较。拿买衬衫这件小事来说，他一定要在当地不同的店里买衬衫，然后还会画张表格，看看到底哪一件更耐穿，更经得起洗熨。通过这样精打细算的方法，他能使自己的每一分钱都得到正确的利用。从工

学院毕业以后，他自命清高，也不愿意和其他同学一样从最简单的工作做起，他总认为会有更高端的工作在等着他。于是，在三年后的同学聚会上，他还在画他的衬衫熨洗表，还在等所谓的好工作降临，当然，三年了，他什么都没等到。结果，他开始工作，谋到了一个小的职位，一辈子满腹牢骚、没有进步。

第二个人，此人已经实现了他当初的愿望。他是个平易近人的人，大家都很喜欢他。他有着很强的抱负心，但是不好高骛远，而是脚踏实地地从绘图员开始做起。不过，他总是在等待一个机会。当时，纽约世界博览会正在计划阶段，他知道那里需要他这样的人才，所以便离开了费城，去了纽约。到了纽约之后，他与人合作，马上做起了工程承包的工作，接了很多电话公司的业务，后来，他也因此被"博览会"高薪延聘。

这里所提及的只是那位学员演讲的一个概述，其本身演讲的过程更有趣，也更有人情味，他的演讲可谓是妙趣横生。在平时，让他演讲，他连三分钟时间都说不到，但这次，就连他自己也惊讶地发现，他竟然讲了足足十分钟，但听众还觉得意犹未尽，可见他的演讲多么精彩。

从这个案例中，我们可以获得一些启示，本来很平淡的讲话，如果能在其中加入一些趣味性素材，就能让你的话更亲切、更吸引人。

的确，演讲其实就是与听众的一次沟通，其间，如果一个人丝毫不顾及听众的感受，只是对自己关心的问题侃侃而谈，那自然很难流露出自己的热情和激情，也就无法打动听众。反

第3章 高级的演讲像好友交谈一样，向TED学习如何制造情感共鸣

之，如果他能把听众当朋友一样，亲切自然地沟通，那必会取得意想不到的结果。

真切感人的故事，能迅速打动听众

研习过TED演讲的人们可能都发现，曾在TED大会上发表演讲的人都口才非凡，且善于营造好的演讲氛围。这里讲的"气氛"，就是要带动对方的情绪，和对方达到一种情感的共鸣。而他们通常采用的方法是讲故事，尤其是那些感性的故事。当听众真正被我们的话打动时，我们讲话的目的也就达到了。

例如，美国知名学者、畅销书作家布琳·布朗曾在2010年的TED演讲大会上，讲述了她如何通过研究脆弱性和勇气来帮助自己克服恐惧和不安全感，成为TED史上最受欢迎的五大演讲之一，视频点击量超过1500万人次。"你有机会选择拥抱最真实的自我，而不是生活在别人眼中""那些让你变脆弱的，都会令你更强大""人与人之间的联结是我们活着的意义"。作为国际知名演讲人，布琳相当真诚、温暖、幽默，作为一位思想领袖、研究者、讲故事的人，她具有激励听众的能力，拥有让人付诸行动、做出改变的方法。这就是布琳·布朗。

可见，真实的故事可以帮助你建立情感连接，让听众更容易理解和接受你的观点。你可以讲述自己的经历，或者讲述一个你知道的人的故事。

我们先来看看下面一个故事：

唐太宗当皇帝时，有一年，南方一官员得到了一只珍禽天鹅，想要进献给皇帝，并派遣一位名叫缅伯高的人携天鹅进京。缅伯高自然认为这是一项美差，如果事情办得好，他可能就要加官晋爵了，于是，他便喜滋滋地拿着笼子，将天鹅装了进去，兴致勃勃地出发了。途中，他自然小心翼翼，一路精心照料，生怕出了差错。

可是，意料不到的事出现了：途经沔阳时，缅伯高在水清如镜的池塘给天鹅洗澡，但一不小心，天鹅居然飞了，手中只剩下一根鹅毛。

缅伯高怀着忐忑不安的心情，带着这根鹅毛进了京城。来到京城后，他无心去游览长安的名胜，而是在考虑如何才能够不让皇帝治罪。

平日颇有心计和才学的缅伯高，在焦虑中想出了一个办法：把失事的经过和自疚的心情写成一首诗，连同鹅毛一并献上，或许能得到皇帝的宽恕。

经过反复思考，成诗为："鹅毛贡唐朝，山高路远遥。沔阳天鹅失，在下哭嚎啕。上复唐天子，可饶缅伯高？礼轻人意重，千里送鹅毛。"

唐太宗读了这首诗之后，觉得句句情真意切，甚为感人，并没有怪罪他的意思了，反而觉得他忠心耿耿，其志可嘉，就给了他大量的赏赐。

送礼并不是为了礼物的贵重与否，而是表达心意的一种重要方式。缅伯高弄丢了天鹅，只给皇帝送了一根鹅毛，却得到了唐太宗的赏赐，关键在于他那句"千里送鹅毛，礼轻情意重"的动人诗句，让唐太宗了解到了他的真心，感动之余，也就不再计较礼物的轻重了。

对此，作为演讲者，我们可以这样讲感性的故事：

1.表达你的热情

热情是成功演讲的原动力，态度冷漠是不会感染他人的。当听众感受到你的热情时，自然会敞开心扉，接纳你传达给他的情绪。

2.举一些感性事例

在演讲过程中，我们要善于引用一些比较有代表性的、真实感人的事例来阐述问题，这样可以为你的观点增加分量，并且能够表明你的陈述的真实性。需要注意的是，你所列举的感性事例必须是真实的，如果缺乏事实的依据，你的故事再感人，也不能引起听众的共鸣。

3.讲一些关于自己的事

有时候，为了证明某个观点，适当地讲一些关于自己的事，会让我们的谈话更富有真情，用自己的故事来说话，也更容易打动人。

1991年9月19日，杨澜应邀主持第九届大众电视"金鹰奖"颁奖文艺晚会。在报幕退场时，杨澜不小心被台阶绊了一下，"扑通"一声滚倒在地，这意外的洋相，使场内顿时一片哗然。然而，杨澜一跃而起，笑容可掬地说："真是人有失足、马有失蹄呀，我刚才'狮子滚绣球'的节目滚得还不够熟练吧？看来这次演出的台阶不那么好下哩，但台上的节目很精彩。不信，瞧他们的。"话音刚落，全场观众为她机敏的反应爆出热烈掌声，有的观众还大声喊："广州欢迎你！"

显然，这一跤非但没有摔倒杨澜的形象，反而更让广州人民领略了她的可爱。虽然杨澜并不是主动自我暴露，而是偶然摔了一跤，但从观众的表现中，我们发现，人们更喜欢与那些有点儿小缺陷的人交往，更愿意亲近他们。

总之，在演讲中，我们可以讲一些感性的故事，这样能使你的话热烈起来，能够打动人。当然，作为讲话者，你在搜集这类故事时，要保证故事的真实性，否则，一旦对方识破了你的谎言，那就得不偿失了。

如何在演讲中让听众产生共鸣

我们都知道，很多时候，我们站在演讲台上进行演讲的目的，就是要吸引、说服、鼓动、感召听众。所以，只有能引起听众共鸣的演讲，才是成功的演讲，这一点，也是演讲者最关注的问题。如何引起听众的共鸣呢？

关于这一点，我们发现，在每年的TED演讲大会上，那些成功的演说者之所以能很快和听众建立情感连接，是因为他们懂得引导听众，把听众内心的情绪迸发出来。例如：TED演讲者奇玛曼达·恩戈齐·阿迪奇埃在她的演讲中分享了自己的成长经历和文化身份的认同问题，让观众感到她的演讲是有温度和共鸣的。

第3章　高级的演讲像好友交谈一样，向TED学习如何制造情感共鸣

因此，你如果想让你的话产生效力，想让听众感同身受，你在演讲的时候就不应该单是报告一些事实，还应该把自己的情感注入到你的演讲中，进而让听众产生共鸣，以此获得听众的信任和认同。

1960年2月3日，这对于英国首相哈罗德·麦克米伦来说是一个特殊的日子，这一天，他要向南非联邦议会发表演讲。当时，南非当局的政治态度是采取种族隔离政策，而他必须将英国政府无种族歧视的观点传达给南非人民。那么，他在一开始有没有阐述这种分析呢？并没有！因为这样一开始就把矛盾和分歧摆在桌面上来讨论，很容易将双方放在对立面。所以，他一开始只是强调近年来南非在经济上取得的一系列的了不起的成绩，以及他们对世界的贡献，然后才巧妙地提出观点分歧的问题。即便是在这里才谈这一敏感问题，他还是指出，他非常了解这些分歧是来自各自真诚的信念。整场演说都很精彩，简直能与林肯曾经在苏姆特堡前那些温和却坚定的言辞相比。

麦克米伦首相真诚地说："身为英国的一员，我们心怀真诚地希望我们能给南非各种支持和鼓励，不过希望在座的能原谅我的直言：在我们的领土上，我们也在努力给自由人政治前途，我们一直都坚持这样的信念。所以，我们即便无法支持和鼓励各位，也不会违反自己的信念。我认为，我们应该像朋友一样，无论谁是谁非，都不逃避一个现实：今天我们之间还存有分歧。"

对于这样的演讲，无论台下的听众多想站起来和演讲者进行对抗，相信对于这样的言论，也是无法开口的，因为他们相

信这样的演讲者必定是有公正坦诚的心的。假设麦克米伦首相在一开口的时候就摆出了双方在政策上的分歧,而不是提出赞同和认可的观点,那会是怎样的演说结果呢?

演讲中,如果一个人只是对自己关心的问题侃侃而言,那么,自然也就无法打动听众。反之,如果他能切身考虑到听众的利益,说听众想听的话,那必会取得意想不到的结果。

那么,怎样才能做到这一点呢?

1.投其所好,依听众的兴趣演讲

你可能也发现,依据听众所关注的问题和兴趣来演说,是一个极好的方法。为此,在演讲前,你可以先问问自己:你的演讲能够帮助听众解决什么样的问题,怎样达到他们的目标?然后开始讲给他们听,就会获得他们的全神贯注。如果你的职业是一名会计师,那么开场时,你就可以表明这一点:我现在就教大家如何立遗嘱,然后,就有一些观众对你的话题产生兴趣。其实,在每个人的知识积累中,总有某个方面能打动听众。

面对听众时,你可以假想一下,他们很希望听到你的演讲——只要它对他们有用。作为演说者,如果你只考虑自己内心的想法和思想倾向,那么,你的听众就会慢慢变得烦躁不安,表现得不耐烦、看手表,甚至会离开。

2.讲一些自己的经历,赢得认同

很多时候,我们参与演讲,就是为了传达自己的观点,就是要影响听众,让听众接受自己的想法和意见。而为了增加话语的可信度,我们可以适当地讲述一些自己的经历和精通的知识，因为自己的经历最有说服力，而精通的知识则更权威，所以可信度很强。

生活中，我们可能会看一些电视节目，而这些节目之所以生动有趣，就是因为节目嘉宾谈的是自己的亲身经历和自己了解的事。

3.赞美你的听众

听众也是由单个的人组成的，所以也是有弱点的。人们都爱听赞美的话，谁也无法拒绝赞美，但前提必须是真诚的赞美。如果你毫无来由地对听众献殷勤、说一些肉麻的话，比如，"各位是我曾面对过的最有智慧的听众"，也会被大多数的听众厌恶。

所以，"共鸣"是可以制造出来的。在讲话中表达对听众的关怀、理解和认同，接受听众的内在需求，并感同身受地予以满足，就能帮助我们获得听众的认同。

始终站在听众的角度说话，更易打动人心

我们都知道，在任何形式的讲话中，都有三个构成要素，讲话者，听者和说话的内容，这三者缺一不可。因此，要做好演讲，你不仅要有真诚的态度，还要懂得站在听者的角度，就是要让听众觉得你所说的话很重要。所以，TED演讲技巧中，就有重要的一点：光有热情还不够，一定要让听众感受到我们的热情，并且也变得有热情。

心理学家认为，感情是人对客观事物好恶倾向的内在反映。因为感情，人与人之间建立了良好的感情关系，便能产生亲切感。通常情况下，如果人与人之间有了亲切感，那彼此之间的吸引力就会增大，影响力也会逐步放大。对此，演讲的时候，我们应富有亲和力，始终站在听众的角度说话，这样更易打动人心，也更易将观点植入听众思维里。

事实上，历史上那些著名的雄辩家，都有这样的本事，他们总是能做到让听众与自己产生共鸣，让听众感觉到他们已经感觉的，也总是能让听众同意自己的观点，去做自己想让他们做的事，去分担他的快乐和忧愁。最为重要的原因是，他们从不以自我为中心，而是以听众为中心，因为他们明白，自己的演讲是否成功，不是自己决定的，而是由听众来决定的。

在《战国策》中，游说列国的说客们经常运用这种方法去说服各国君王接受自己的观点，往往取得巨大成功。其中，最有代表性的当属李斯的《谏逐客书》。

作为一个被放逐的对象，李斯没有强调逐客令对这些异国人才的打击，没有强调异国人才对秦国的奉献，而一直在强调如果驱逐了这些异国人才，秦国将蒙受什么损失，同时，秦国的敌国将得到什么好处。志在统一天下的秦王，或许并不关注国内的得失，但很在意敌国力量的消长。李斯的谏书正说到了秦王的痛处，这也是秦国利害关系最关切的地方。秦王即使再讨厌国外人士，也不敢反驳了。曾被列为驱逐对象的李斯留了下来，后来甚至成为秦国的丞相。

第3章 高级的演讲像好友交谈一样，向TED学习如何制造情感共鸣

这就是换位思考。换位思考就是我们要站在对方的角度去思考问题，设身处地地为对方着想，从而让我们看到对方的处境、想法等。这样，我们能对事物产生深度的认识和把握，从而帮助我们把说服的话说到对方的心坎里。

那么，我们该怎样说才能打动听众呢？

1.与听众寒暄时说贴近生活的话

如果你演讲时总是说一些大道理，或者说一些文绉绉的话，只能让人觉得你高高在上，从而在内心里就疏远了你。

相反，如果一开始你能和听众寒暄一番，说一些"路上没有堵车吧？""最近还好吧"之类的话，就会让对方觉得你把他当成了朋友，而对方也会对你产生亲近感。

2.全身心投入演讲中

演讲需要你投入高度的热忱，当一个人只被自己的感觉影响时，他的热情就会被点燃，他的行为、语言都会出于自然，一切也就都顺其自然了。事实上，任何表达技巧的学习都是建立在全身心投入到演讲之中的前提之上的。

3.演讲时多提及听众的名字

美国成人教育之父卡耐基曾参加一次演讲，当时，他坐在主讲人旁边，演讲还未开始时，他看到主讲人在大厅里来回走动，向在场的听众打听他们的名字和故事，卡耐基感到很奇怪。在演说开始后，他才明白，原来主讲人是为了在演说中能加入听众的名字。而当主讲人说这些的时候，卡耐基留意了一下现场听众的反应：那些被提及名字的人脸上洋溢着幸福的笑容。当然，这个简单的技巧也已经为他赢得了听众温暖的友

情了。

4.展现生气,多运用新的词汇和表达形式

年幼时,人们都是纯真自然的,而随着年龄的增长,人们好像失去了生气,说话也陷入了循规蹈矩的模式中,让人提不起听的兴趣。而你如果致力于提升自己的演说兴趣,在说话时就要展现生命力,且多运用新的词汇,或者新的表达形式。

5.以"情"动人

(1)发自肺腑,展现真情实感。俗话说:言为心声。在演讲中,如果演讲者的话是出自内心,发自肺腑,有自己的真情实感,那么,听众的情感之弦就更加容易被拨动,演讲者和听众的共鸣就会更强烈,听众也就更加容易接受演讲者所表达的观点。

(2)激情评述,观点深入人心。激情,是情感的瞬时爆发,是最能够打动听众、征服听众的。适时地对演讲材料进行充满激情的评述,表达自己的意见,抒发自己的感情,是让观点深入人心、引起共鸣的又一妙招。

(3)情绪激昂,征服听众。在演讲中,利用铺陈渲染的方法为演讲的主题"蓄势",可以激起听众强烈的共鸣,把演讲推向高潮。尤其在表达理想、志向和成长感悟时,运用铺陈渲染更能达到节奏和谐、情绪激昂、语气磅礴的表达效果,给人一种积极向上、气势恢宏、壮志豪情的美感和震撼,更容易以豪迈的情感和气势征服听众。

的确,"感人心者,莫先乎情。"成功的演讲离不开

第3章　高级的演讲像好友交谈一样，向TED学习如何制造情感共鸣

"情"，情感在演讲中就像桥梁一样，连接着演讲者和听众的心。要以"情"动人心，演说者就必须从听众的角度说话，这样的演讲才更耐听！

第4章

确定主题，创造性理念的分享是TED大会的主线

TED演讲是一种非常受欢迎的演讲形式，它以简明扼要、引人入胜的方式向观众传递思想。你如果曾观看和学习过TED演讲，就会发现，每年的TED大会上，都有各种各样的创造性理念的分享，主题涉及科技、艺术、文化等各个领域。同样，你如果正致力于提升自己的演说能力，那么，在开口和练习之前，你首先要做的就是确定你要说的主题，只有主题鲜明有趣，才能真正打动听众、传递思想。

提炼好主题，是演讲的基石

中国人常说"磨刀不误砍柴工""有备无患"。也就是说，在做事之前，充分的准备工作有助于提高做事成功的可能性。通常情况下，对于演讲这类社会活动，更需要我们做到有备而言。事实上，即便是一些演讲大师，他们在演讲之前，也会对语句的组织做一番精心准备，以使自己的讲话更准确、更生动。

不得不承认，任何人参加演讲，都不可能是无目的、胡说一气的，而是有一定的动机的，或激励，或劝说，或为了说明观点，或为了部署工作、提供信息等。有演讲目的，自然也就有了演讲主题，可以说，主题是讲话的灵魂，是所有内容的统帅。

所谓演讲主题，就是在演讲前要确定的讲话的主要观点和中心思想，也就是我们要向听众传达的观点、感情或态度。要了解讲话的主题，就需要事先了解讲话的场景是为了什么，时刻意识到自己是出于什么动机展开这次讲话。

讲话缺乏主题，即使堆砌大量华丽辞藻，也不会有实际的价值和意义。语言缺乏统帅，只是字词的拼凑，不可能有说服力和感染力。

第4章 确定主题,创造性理念的分享是TED大会的主线

每年的TED大会都有自己的演讲主题,比如,2012年的美国时装模特卡梅伦·鲁塞尔演讲的主题就是外貌不是全部,而2015年ONE LOGIC的首席数据科学家塞巴斯蒂安·韦尼克博士的演讲主题是科技改变未来。

不少人之所以会演讲失败,是因为其演讲的主题和范围不确定,而导致了演说中有太多的论点,演说内容杂乱无章,听众更无法集中注意力听。为什么会这样呢?因为人的注意力不可能同时放到几件事上,如果你的演说只是流水账,那么,听众是不可能找到你要说的重点的,因为连你自己也不清楚。

这个道理适用于任何范围的演说,因此,无论你讲的是销售术、烤蛋糕还是减免税赋,在开始演说之前,你一定要加以限制和选择,把题目缩小至某一个范围内,以便适合自己演讲的时间。如果你的演讲时间只有五分钟左右,那你只能说清楚一两点。而即便你有半个小时的时间,但如果要说清楚四五个以上的概念,那你也是很难成功的。

你的主题是否讲得深刻,最为关键的因素之一是你对你的题目要有深刻的感受。如果连你自己都对自己没有充足的信任,又怎么能让别人信任你呢?

如果你对你所讲的题目很熟悉,比如,你的某个爱好,你就会对它充满热忱;如果是你十分关注的事,你也会满怀热情。新时代要求演讲语言简洁明了,但这一点不会改变——对演讲的热忱。

然而,生活中,一些演说者一开始就会怀疑自己选择的题

目是否能引起听众的兴趣。其实，要想激发听众的兴趣，你首先要从自己找问题，你对题目有兴趣吗？如果你自己都没有热情，又怎么能带动听众呢？

曾经有个演说者，他的观点是，如果大家继续用现在正在使用的吉桑比克海湾捕石鱼的方法，石鱼将会绝迹，并且，根本要不了多少时间。为此，他十分关注这件事，认为此事已经十分严重了，他表现得慷慨激昂。

在听演说之前，很多听众根本不知道吉桑比克海湾里有什么石鱼，也就没有什么兴趣。可是，在这个演讲者结束自己的演讲前，大家却产生了和他一起去申请保护石鱼的冲动了。

有人问前美国驻意大利大使理查德·吉尔德："你是怎样成为一个意趣无穷的作家的？成功的诀窍是什么？"他的回答是："我非常热爱生命，所以我不能停下来不动，我想告诉人们的也正是这点而已。"你如果也是这样的演讲者，一定能吸引听众。

确定演讲目的不是难事，但提炼出一个吸引人的演讲主题却不易，主题能抓住听众的心，是一场演讲成功的开始。因为对于一场演讲来说，主题是其门面，听众在听你的演讲之前，是无法了解你演讲的具体内容的，真正能吸引他们的，也就是你的演讲主题。

那么，我们该如何确定一场演讲的主题呢？

1.先明确你的演讲目的

目的一定不能模糊不清，因为你不会希望信息被别人误解。你的演讲目的必须在主题中体现出来，而不要让听众猜测你在说些什么。

2.缩小你的演讲范围

演讲前，你要事先准备，自然有大量的数据和资料，但千万不要把你的主题范围定得太广，否则，你会发现，想要把你想说的一切归纳出来压力很大。学会去伪存真，找到主题的焦点，缩小演讲范围，这样才能有足够的时间阐明你想要表达的观点。

3.演讲主题要有针对性，是公众关心的问题

作为一名演讲者，在你确定一个主题前，你应该考虑到这个主题有何价值。要知道，不是所有的主题都能激发听众的兴趣。毕竟，演讲是一种社会活动，是用于公众场合的宣传形式，你的目的是要"征服"听众的，所以你的主题也就要是公众关心的问题，只有这样，才能起到一定的社会效果，让听众心悦诚服。

需要注意的是，你要了解你的听众群体，因为不同层次的听众，他们关心的问题也是不同的。比如，如果你想确定自己动手这个主题，你确实可以谈洗盘子，不过你似乎确实无法对这个主题热衷起来，但你可能没有想到的是，在一批家庭妇女面前，这是个极好的话题。

当然，在确定主题前，你也不能只考虑听众，还要考虑你自己。只有让自己热衷的主题，才能激发你的演讲兴趣。试想一下，假设你正在演讲，突然有人起来反对你的观点，你是否能慷慨激昂地为自己辩护，如果能，那么，你的主题

就对了。

4.演讲主题要上口入耳

"演讲"和"表演"不同，前者的本质在"讲"，而后者在"演"。因此，在提炼你的演讲主题前，最好是上口入耳的。比如，马丁·路德·金的"我有一个梦想"这个主题，就简单、明了、让人记忆深刻。你可以先默念一下，如果有讲不顺口或听不清楚之处（如句子过长），就应及时修改与调整。

5.演讲主题要有意义

不要把你的时间或者观众的时间浪费在无关紧要的细枝末节上。你不想超出听众的理解能力，也不想侮辱他们的智慧。记住，你是在进行严肃认真的演讲，而不是在咖啡馆里表演喜剧。

总之，演讲主题能限制你的讲话范围，以目的为前提来组织语言和准备材料，就能帮助我们确定讲话主题。

牢记主题，才能准确传达你的思想

提到TED，是不少需要参与公共场合演说者的学习素材。要知道，公开演讲最大的挑战就是如何运用具有感染力的语言，将自己的思想和观点传达给听众，进而让听众产生号召力。然而，生活中的很多演讲者，原本希望自己能侃侃而谈，但因为主题不明确或者忘记主题而在说话时啰嗦重复、不知所云，进而使演讲效果大打折扣。

第4章　确定主题，创造性理念的分享是TED大会的主线

其实，很多人在公开场合说话有这样的毛病，那就是非常啰嗦。他们把一些极为简单的问题复杂化，本来可以三言两语就能说清楚的问题，他们非要重复无数遍，结果越说越离谱，自己也搞不懂在说什么。人们通常会从一个人的说话来看这个人的做事风格，说话干脆、不拖泥带水的人，大多就是自信心很强、办事果敢的人；而那些长篇大论、废话连篇的人，则通常都思维比较迟钝，做事犹豫不决、优柔寡断，这无疑就是平庸无能的人。

的确，很多人已经认识到演讲能力对于传达思想的重要性。然而，一些人会为了演讲而演讲，在讲话中，说话越说越远，最终忘记了讲话本来的目的。

一次，美国参议院调查员被人弄得坐立不安、尴尬无比。可能你在听他人演说时也遇到过这样的演说者，对方虽然是政府的高级官员，但说话含糊不清、不停地说，说话毫无重点、表达不清楚，在座的委员会的成员都没搞清楚他想说什么。最后，一位来自北卡罗来纳州的参议员小撒姆尔·詹姆士·厄文终于找了一点儿说话的机会，就在短短的几句话中将观点表达清楚了。

这个人说这位演说的官员令他想起了在他家乡的一个男人，这个男人告诉他的律师，他要和他的妻子离婚，不过他承认的是，他的妻子很漂亮，也是个好厨子和模范母亲。接下来，是这个男人和律师的对话。

"那你为何还要离婚？"他的律师问。

"因为她一直在说，说个不停。"男人答。

"那她都说些什么呢？"律师问。

"问题就是在这里，她一直说，但从来没说清楚过。"男人说。

其实，在现实生活中，不少人在这一方面让听众很讨厌，虽然他们一直不停地在表达观点，但是就是说不清楚，也从来未能将他想表达的意思表达清楚。

威廉·詹姆斯曾对卡耐基训练班中的教师进行了一次演讲，在这次演讲中，他表示，一个人在一场演说中只能针对一个要点进行说明。他这里所说的演讲也只是那种时间被划定在一个小时内的演讲。卡耐基曾听过一场时间只有三分钟的演讲，而演说者开始时就说自己要谈论的要点有十一个，我们粗略地估算一下，也就是每个要点只花费十六秒半的时间。有这样"聪明"的人吗？居然会有如此荒谬的想法，太不可思议了。

当然，这个例子比较极端，但是通过那样的方法，即便程度不足，也足以妨碍任何一个新手。这就好比你在半小时之内看完了美国国家历史博物馆一样，你也根本不知道自己到底看到了什么，但你此时就必须像一只敏捷的山羊一样，要立即从这个点跳跃到那一点。

这里，我们以劳工联盟为题目进行讨论。如果你想在三到六分钟以内将这一联盟成立的原因、他们采用的方法、建树、缺失以及是怎样解决工业争端的都讲清楚，那么，你根本就是妄想，接下来大概就不是一次演讲了，而是一场混乱，没有人会对你所说过的产生概念。但是如果你能从中找

第4章　确定主题，创造性理念的分享是TED大会的主线

到一个切入点，以故事的方式展开，这才是更明智的做法。虽然你给听众留下的只是一个单一的印象，但是简单易懂、易被人记住。

如果你要陈述的部分真的很多，那么，最好的办法是在演讲结束的时候再做一个简单的概括。

一天，卡耐基去拜访一家公司的总经理，但是当卡耐基到达那里的时候，他看到这间办公室的门牌上写的是其他的陌生的名字。于是，卡耐基便询问这家公司的人事组长，刚好此人是他熟识的一个老朋友。人事组长说："他的名字坑了他。"

"他的名字？"卡耐基吃了一惊，不知道什么意思，于是，继续说，"他不是掌管这家公司的董事之一吗？"

"我说的是他的绰号，你大概不知道他的绰号叫'他现在在哪里'吧，在我们公司，大家叫他'他现在在哪里·钟斯'。他担任总经理职务不久，就被这个家族换掉了，因为他虽然是总经理，但总不肯花心思去研究公司的业务和运转情况，他经常这里窜一下，那里窜一下，一天到晚跑来跑去。比如，在他看来，研究一场买卖远没有去速记员那里拿张纸重要，所以，他几乎很少在办公室，也就有了'他现在在哪里'的绰号。"

"他现在在哪里·钟斯"这个人，其实与生活中的不少演讲者很相似，这些演说者之所以不成功，就是因为他们和钟斯先生一样，总是想去包揽更多的事。假如你曾听过他们的演讲，估计你也会听着听着就产生'他现在在哪里'

的想法。

在现实生活中，一些有丰富讲话经历的领导者也会犯类似的错误，可能是由于他们有多方面的才华，以至于他们根本看不到精力分散的危险。但我们不能像他们一样，而应该在讲故事的时候紧扣主题，让听众知道你所讲的故事要表达的意图是什么。

像TED演讲那样主题鲜明且新颖有趣

前面，我们已经提及，但凡有机会来到TED大会现场作演讲的均有非同寻常的经历。而前来参加会议的，有诺贝尔奖获得者，也有科技大腕，比如，比尔·盖茨，还有魔术师、杂技演员，他们混在一起，让大会更具特色。

每年申请的参加者有上万人，但最终能顺利进入大会的只有一千人。因为参加大会的条件不只是要有出色的表现和新奇的思维，他们还必须能支付得起高达7500美元的"入场券"。而这些精英之所以愿意花这么大的代价来参加大会，是因为每年的大会上，他们都能享受到一次"超级大脑SPA"，而且每次的主题也都与众不同、别致新颖。

2015年，卡内基梅隆大学机器人研究所的教授克里斯·厄姆森教授在TED大会上发表了关于汽车"无人驾驶"的演讲。

他说："从统计学上来说，汽车上最不可靠的部分就是驾驶员。""科技越发达，驾驶员就越不需要负责任。所以只是

第4章 确定主题,创造性理念的分享是TED大会的主线

把汽车变得更加智能,没让我们看到真正需要的成功。"

实际上,这一演说让与会的人士看到了无人驾驶的未来前景,主题鲜明且新颖有趣,很有启发性。

TED演讲告诉每一个致力于提升自己演说能力的人,要做好演说,一定要做到主题新颖有趣,不能做陈词滥调的表述。

提到iPhone,我们都会想到一个名字——苹果教父乔布斯。他曾在美国斯坦福大学毕业生的典礼上有这样一段演讲:

在我17岁那年,我看到了一则格言,格言是:把每一天都当成生命中的最后一天来过,那么总有一天你会发现你是对的。(听众笑)

这句话对我影响很大,在我走过的33年人生里,每天早上起来第一件事,我都会照镜子,然后问自己:"如果今天是此生最后一日,我今天要做些什么?"如果我已经连续很多天觉得无事可做,那么我知道自己必须做出改变了。

我始终提醒自己会死去,这是我在作人生重要抉择时使用的最重要的方法,因为所有的事情,包括名声、外界的期望、困窘、对失败的恐惧等,在死亡面前,都不存在了,只有最真实重要的东西才会留下。

提醒自己快死了,是我所知避免掉入畏惧陷阱里的最好方法。生不带来、死不带去,人没理由不顺从。

就在一年前,我被确诊了癌症,我的胰脏部位出现了肿瘤,这是一种不治之症,医生预测我只剩下三到六个月了。他们给我的最好的建议是赶紧回家,和亲人们好好团聚。我想,这大概是医生对即将离去的病人的标准建议,也就是说,

你要试着在几个月内把你将来十年想跟孩子们说的话说完,代表你要把每件事提前搞定,家人才会轻松,那代表你要离开人间了。

那天晚上我做了一次切片,从喉咙伸入一个内视镜,穿过胃进到肠子,将探针伸进胰脏,取了一些肿瘤细胞出来。我打了麻药,不省人事。我妻子告诉我,当医生们用显微镜看过那些细胞后,他们都落泪了,因为那是一种罕见的、至少可以用手术治好的癌症。后来,我做了手术并且康复了。(听众鼓掌)

但死亡是我们共同的终点,没有人逃得过。你们的时间有限,不要浪费时间活在别人设计的生活里;不要被教条所局限,盲从教条就是活在别人的设计里;不要让世上的观念淹没了你内在的心声。最重要的是,要拥有追随自己内心直觉的勇气,你的内心直觉多多少少已经知道你真正想要成为什么样的人。(听众鼓掌)

我年轻时,有一本风靡一时的杂志叫作《Whole Earth Catalog》,在出版了好多期后,很自然地出了停刊号。停刊号的封底有张照片——清晨一条乡间小路,照片下有一行小字:若饥,若愚(Stay Hungry, Stay Foolish. 注:有人译成"求知若饥,虚心若愚",意窄不达)。我总是以此自勉,我也以此祝福你们。

很明显,乔布斯这一演讲的主题是关于死亡,他带领我们领略了生命的意义,也揭示了他执着的信念。人们说,乔布斯是全世界企业家中最会演讲的人。在过去的30年里,他已经把产品发布和展示发展成为一门艺术。在演讲中，一件事情经过他的描述往往变得更清楚、明白，能唤起听众的热情和共鸣。他会用一种调侃的方式来吊听众的胃口。

同样，你如果想提升演说效果，也要和乔布斯一样做到演讲主题明确鲜明，让听众一听就能明白。

现在，你可能会问，怎样的题目才是合适的题目，才适合讲话？这里，有个最为简单的方法，你可以问问自己，在讲话的时候，如果有人站出来反对你的观点，你是否有勇气辩驳或者说有百分之百的信心为自己辩护，如果你有，那么，这一题目就是绝对合适的。

唯有事先练习，才能让演说更自然

我们都知道，很多演讲的重要目的之一就是让听众深刻领会演讲内容。一些演讲者认为，越是运用高深的理论知识和晦涩难懂的演讲语言，越是能体现自己的知识水准和演讲口才，越是能将自己与听众在知识层次上划分。而实际上，这无异于唱独角戏而得不到听众的响应，也失去了我们最初讲话的本意。

为此，TED演讲倡议，我们不妨把演讲看成一场扩大了的交谈，要用率真的心态与听众讨论问题，而绝不能对听众大放厥词。

因此，你若希望自己能在公开场合表达自己的思想、让别人接纳自己，就要多学习、多探讨，只要相信自己，愿意改变，你就能做到。具体来说，你可以做到以下几点：

1.做足准备

有这样一篇演讲：

作为世界上著名的成功学大师，卡耐基深谙人际相处之道。即使是对于下属，他也非常注意相处的方式方法。有一次，卡耐基交代秘书莫莉为他整理第二天的演讲稿，当时还有几分钟就要下班了，莫莉因为惦记晚上的约会，因而非常匆忙地为卡耐基整理了演讲稿，将其放到卡耐基的办公桌上就离开了。

次日下午，当莫莉正悠闲地坐在办公室里一边喝咖啡一边看报纸时，卡耐基拎着公文包行色匆匆地走进来。莫莉看到他，赶紧问："卡耐基先生，演讲一定非常成功吧！"卡耐基点点头，笑着看着莫莉，说："当然，掌声都快把屋顶掀翻啦！"

"哦，那可太好了，衷心祝贺您！"莫莉心思简单，根本没想到会有其他问题。

卡耐基宽容地看着这个单纯的姑娘，依然满脸笑容："莫莉，你知道大家为什么那么热情地鼓掌吗？因为我原本计划演讲'怎样摆脱忧郁，创造和谐'的主题，但是当我打开演讲稿开始读时，大家简直笑疯了。因为我读的是怎样增加奶牛产量的新闻。"说着，卡耐基从公文包里拿出一份演讲稿，莫莉不由得满面通红："对不起，卡耐基先生，我昨天着急下班，犯了严重的错误。我想，我一定害你丢脸了。"

第4章 确定主题，创造性理念的分享是TED大会的主线

卡耐基宽容地说："没关系。我还得感谢你呢，因为你这么做增强了我临场发挥的能力！"自从发生这件事之后，莫莉在工作上再也没有犯过同样的错误。她知道，卡耐基先生是因为宽容仁慈，才没有严厉地批评她，而给她留足了面子。

这里，我们不只要学习卡耐基出色的批评方法，还应该看到演讲中准备工作的重要性。庆幸的是，卡耐基是个有出色的应变能力的演说家，如果是其他人，恐怕就会闹出笑话了。

2.从容不迫地站在公众面前说话

生活中的人们，如果你有成为成功的演讲家的愿望，你就能将自己投入未来的形象中，然后努力使梦想成真。这是你最应该做的。

你可以想象一下，你现在充满了自信，所有人注视你，听你分享你的思想和感觉，那是多么舒畅啊。这种愉快的感觉，大概是吃再美味的食物或者是环球旅行也不能代替的。曾经有位演讲家这样说："发表演讲的最初两分钟即使挨鞭子也无法开口；但到临结束的前两分钟，我宁可吃枪子儿也不愿停下来。"

能从容不迫地站在公众面前说话，能让你的前途变得不可估量。美国舍弗公司的总裁亨利·柏莱斯通曾说过一句话："和人们进行有效的交谈，并赢得他们的合作，是每一个正在努力追求上进的人所必须具备的一种能力。"

学会当众说话，你能从中获得众多好处，比如，能提升自信、能让你变得口齿伶俐等。当你能在公众面前侃侃而谈的时

候，你会发现自己在同事面前的拘束是多么可笑，你甚至能改变个性，将自己培养成一个大度、洒脱的人。

所以，只要有机会，你就可以对几个人或许多人说说话——你会越说越好，我自己就是这样；同时，你会感到神清气爽，感到自己完整无缺，这是你从前感受不到的。这是一种畅快、美妙的感觉，没有任何东西能给你这样的感受。

3.自己先进入情绪

有一位拉丁诗人曾说："如果你想引出别人的眼泪，必须自己先悲感起来。"的确，感情是形于内而发于外的东西，如果你自己做不到感情饱满，那么，自然感染不了听众，反而让人感到虚假、做作。也就是说，要想感染别人，最根本的是使自己先进入情绪，进入状态，用心感知。

4.把握每一次练习的机会

任何一个希望获得演讲能力的人，必须把握每次当众说话的机会。那些能在TED大会上侃侃而谈的著名人士也并非天生的演说家，他们也是在经历了很多次的练习后才能侃侃而谈的。因为如果不练习当众说话，那么，谁也不可能真的在众人面前演讲，就好比一个人一直不愿意下水，是不可能学会游泳的。

年轻时候的萧伯纳是出了名的胆小之人，每次去拜访他人时，他甚至能在走廊徘徊二十分钟之久才敢去敲门。他曾坦言，自己因为羞涩胆小而感到痛苦。

当然，萧伯纳后来改变了。当人们问到他是怎么改变的时候,他说:"你是怎么学会溜冰的,我就是怎么做到的——我固执地一个劲儿地让自己出丑,直到习以为常。"后来,他常不经意地使用最好、最快、最有效的方法来克服羞怯、胆小和恐惧。他告诉自己一定要把自己的这一弱点改正掉,后来,他加入了一个辩论会,并且,只要在伦敦有讨论的聚会,他一定前去参加。再到后来,在社会主义运动的大潮中,萧伯纳也四处演讲。从不放过每一次练习当众说话的机会,才让他成为20世纪上半叶最有自信心、最出色的演讲家之一。

其实,生活中说话的机会很多,你如果也是个不善言辞、羞涩的人,不妨去参加一些组织,从事一些需要讲话的职务。在聚会里站起身来,说上两句,即便只是附和别人也好。要知道,现代社会,再也没有任何工作是完全不需要开口说话的。如果总是不愿意或者不敢去说,那么,你就永远也不知道自己会有怎样的进步。

根据演讲主题,形成演说风格

一般来说,一个出色的演说家,都有自己的演说风格。登上演讲台,面对众多听众,他们的语言或朴实无华,或幽默风趣,或慷慨激昂,他们总是能运用恰当的方式把观点传达给观众,起到良好的表达效果。

所谓基调,即是风格、主要感情等。这一词汇对于经常参加各种演讲的人而言并不陌生，因为通常来说，演讲都是要达到一定的目的的。因此，我们当众讲话，就必须有较强的针对性，这要求我们首先了解演讲的主题，尤其要考虑到听众的身份、年龄、职业、心理需求和接受习惯等特征。这一点，任何一个在TED大会上的演说者都有所体会。

对于科技爱好者来说，2017年的TED最大的亮点就是28号特斯拉CEO马斯克的演讲，其演讲主题是"未来的你（The Future You）"。这是TED官网上观看量最多的一个视频，观看量超过4300万次。参与这一次大会的人在维什诺再谈到这次盛会时，说："我脑子里想的一个关键问题是，如何营造出一种氛围，让在家中观看视频的用户就仿佛是坐在大会中的最佳座位上聆听演讲一样，如何通过灯光或摄像机角度为观众提供身临其境的感觉。因此，首先我要做的就是将房间内的摄像机数量提高一倍。"

的确，每个人都是有着自己个性的个体，都有自己自身的某些特点，比如，有的人天性温和，有的人性格外向等。因此，在演讲前，我们要把修炼自己的演说风格作为重要的准备工作之一。

小吴在一家农业技术公司担任销售主管，他是个工作效率高且时间观念很强的人。平时，无论是工作还是生活，他都按照自己的计划，所以，他总是喜欢看手腕上的表。

一次，在公司年会上，他被大家推荐出来谈谈他的工作经验，这完全出乎他的意料。他原本准备参加完年会之后回家陪孩子学习钢琴的，所以，这让他猝不及防。当然，凭借他的工作经历和阅历，这点儿小事难不倒他，很快，他就兴致勃勃地谈起了工作问题。演说过程中，他有理有据，娓娓道来，让台下的领导和同事都称赞不已。一个小时之后，他看了看表，觉得时间差不多了，就顺势谈到另外一个话题，最后说了一番收尾的话，便结束了演说，获得了阵阵掌声。

小吴的演讲说明，"言不在多，达意则灵"。同样，我们当众讲话时也要遵循这一原则，并不是越是长篇大论，越是能显示你的水平。

但一些人在培养自己演讲能力的过程中，可能会产生疑问：哪种演讲风格适合自己？如何得到验证？

这里，我们不妨来进行一番分析：

1.严谨型

这种演讲风格多适用于严肃、隆重的场合。

这类演讲语言一般都是经过认真思索和推敲的，富有很强的逻辑性。在演讲时，演讲者也会通过对演讲语言进行重复、补充和强调，来加以说明。

另外，在肢体语言上，因为演讲氛围，演讲者无论是站立还是端坐，其肢体都会相对稳定。

2.柔和型

很多女性演说者经常使用这一风格，因为相对于男性粗犷的声音来说，女性的声音更柔美，吐字清晰准确，并且具有亲切的微笑、柔和的眼神。

3.华丽型

这是一种注重演讲气势和辞藻组织的风格。其实，在20世纪九十年代，在一些大学的演讲赛或者辩论赛中经常能看到这种演讲风格。

这类演讲注重内容的厚重和形式的多样化，也注重肢体语言的丰富。要达到这一演讲效果，我们可以旁征博引，纵横古今，引用大量的名言警句、轶闻趣事、典故史实，以及某些新鲜有趣的材料。

演讲内容举例："那是一个漆黑的夜晚，一个北风刺骨的夜晚，一个大多数人已经酣然入睡的夜晚。但是他还在忘我地忙碌，身影格外高大。一位名人曾说过"劳动者总是最美的"，他是最好的证明！

4.激昂型

这类演讲语言的风格是心情澎湃、豪壮刚健、激越高昂。

因此，我们在演讲的时候，在语言上要音域宽广，音色响亮，精神饱满，手势幅度较大，给人以奋发向上、朝气蓬勃的振奋感觉。

那么，怎么才能达到这一演讲效果呢？调理呼吸、科学发声是关键，尤其是在胸腔、腹腔、颅腔共鸣做到合理分配。

5.幽默型

这类演讲风格具有喜剧色彩，能营造轻松诙谐的氛围。这需要演说者说话时语言生动形象，逗人发笑，手势动作轻捷灵活。

以上五类演讲风格不是绝对泾渭分明，我们可以以此为借鉴进行练习，从而形成自己的演讲风格。

总之，演讲者应结合自身特点，充分考量自身的优势和不

第4章 确定主题，创造性理念的分享是TED大会的主线

足之处，有选择地学习他人的经验、优点，从而逐渐探索出属于自己的发展方向，形成自身独特的讲话风格，并将这一风格运用到演说之中，以达到很好地控制全场气氛的目的。

第5章

绝不循规蹈矩，TED擅长以一鸣惊人的结构让听众欢呼

元朝学者陶宗仪对写文章有个"三段论"的说法，即"凤头、猪肚、豹尾"，而我们进行演讲与写文章一样，也需要有个"引子""正文"和"收尾"。这三个部分在演讲过程中缺一不可，且我们只有把这三个部分处理好，方能让演讲有个满意的结果。事实上，任何一个成功的TED演说者，都十分注重结构，但他们也绝不循规蹈矩，无论是开头还是结尾，他们都能做到一鸣惊人，让听众欢呼。那么，如何设计演讲结构呢？这需要我们花点儿心思，接下来，我们将在本章进行详细分析。

引人入胜的开头，是演讲成功的关键

开场白，顾名思义，就是一开场所说的话。开场白开得不好就等于白开场。俗话说："好的开始是成功的一半"，所以开场白非常重要。如果一开始就无法调动听众的兴趣，那么，无疑将会给接下来的讲话产生更大的障碍。

要想三言两语抓住听众的心，并非易事。其原因有二：其一，站在众多人的面前，即使准备充分，也会紧张、怯场，一时不知从何说起，这样难免导致整场演讲的失败。其二，演讲者虽然没有怯场，但如果表现平平，没有在一两分钟内"震住"听众，这样的演讲也很难有十分理想的效果。

为此，有过TED演讲经验的人都建议，一个引人入胜的开头可以帮助你吸引听众的注意力，并让他们更加投入到你的演讲中。你可以使用一个引人入胜的故事、一个有趣的数据或者一个引人入胜的问题来开头。

例如：在2016年TED演讲大会上，畅销书《可预见的非理性：塑造我们决策的隐藏力量》的作者丹·艾瑞里，就以一个引人入胜的问题——"我们的思维方式是否总是理性的？"开始了他的演讲。

在此之前，2008年，艾瑞里在TED上还发表了诸如"什么

第5章 绝不循规蹈矩，TED擅长以一鸣惊人的结构让听众欢呼

让我们更热爱自己的工作"及"我们是否主宰自己的决定"等著名演讲。在演讲中，他用生动有趣的例子和通俗易懂的话语向人们介绍了他的经济学理论，并获得了观众的一致好评。据统计，他的TED演讲播放次数高达780万次。

所以，我们有必要作出一个匠心独运的开场白，以其新颖、奇趣、敏慧之美，给听众留下深刻印象，从而控制场上气氛，集中听众注意力，也为接下来的演讲内容顺利地搭梯架桥。

演讲开头成败的关键在于能否吸引并集中听众的注意力。演讲时，获取听众注意力的方式随题材、听众和场景的不同而改变，一般可以运用事例、轶闻、经历、反诘、引言、幽默等手段达此目的。那么，具体来说，我们该怎样使演讲的开场白"精彩"起来呢？接下来介绍几点方法：

1. 奇谈怪论，吸引眼球

演讲与其他的交流不同，那些平庸、普通的语言与观点可能都不能引起听者的兴趣。对此，在讲话前，演说者如能做一番准备工作，找出与众不同的论调，那么，必能出奇制胜，造成"此言一出，举座皆惊"的艺术效果，会立即震撼听众，使他们蓦然凝神，侧耳细听，寻求你的讲话内容，探询你演讲的原因。

钱锺书先生的小说《围城》中有一段故事，写方鸿渐到本县省立中学发表演讲，事先精心准备了讲稿，可是到场后却发现稿子不在手边，急也没用呀，听众已经在热烈鼓掌，方鸿渐只好上场了，但这开场白却来得很精彩——吕校长，诸位

先生，诸位同学：诸位的鼓掌虽然出于好意，其实是最不合理的。因为鼓掌表示演讲听得满意，现在鄙人还没开口，诸位已经满意地鼓掌，鄙人何必再讲什么呢？诸位应该先听演讲，然后随意鼓几下掌，让鄙人有面子下台。现在鼓掌在先，鄙人的演讲当不起那样热烈的掌声，反觉到一种收了款子交不出货色的惶恐。

听了方鸿渐的演讲，听众大笑，记录的女孩也含着笑，笔走如飞。

需要注意的是，运用这种方式应掌握分寸，弄不好会变为哗众取宠，故作耸人之语；应结合听众心理、理解层次，出奇制胜；不能为了追求怪异而大发谬论、怪论，也不能生硬牵扯，胡乱升华，否则，极易引起听众的反感和厌倦。要知道，无论多么新鲜的认识始终是建立在正确的主旨之上的。

2.开自己的玩笑

自嘲就是"开自己的玩笑"。对此，演说者在演说过程中要放下架子，运用诙谐的语言巧妙地自我介绍，这样会使听众倍感亲切，会在无形中缩短与听众的距离。

营销讲师金克言先生在一次有近千名观众参加的演讲会上准备演讲，可台下只响起了稀稀拉拉的掌声。于是，他说："从大家的掌声中可以发现两个问题：第一，大家不认识我；第二，大家对我的长相可能不太满意。"几句话缩短了与听众的距离。台下大笑，掌声一片，反应强烈多了。他接着说："大家的掌声再次证明了我的观点!"话音刚落，台下笑得更厉害了，又是一阵热烈的掌声。这个开场白既活跃了场上气氛，

第5章 绝不循规蹈矩，TED擅长以一鸣惊人的结构让听众欢呼

又沟通了演讲者与听众的心理，一箭双雕，堪称一绝。

3.贴切引用

演讲的开头如果能恰到好处地引用大家不大熟悉的格言警句或诗词佳句，并加以解释，从而顺利入题，那么，演讲就会有声势、有威力，也能迅速抓住听众的心。

一次，演说家李燕杰去首都一家大医院演讲，开端就朗诵了他创作的一首诗：

每当我忆起那病中的时光，

白衣战士就引起我深情的遐想。

他们那人格的诗，

心灵的美，

还有那圣洁的光，

给了我顽强生活的信心，

增添了我前进的力量！

随着朗诵的进行，看书的人逐渐抬起了头，说话、走动的人也停了下来。当朗诵完最后一个字时，全场也掌声大作。

恰到好处的引用，不仅新颖，而且拨动了听众的心弦，说出了他们的心声，所以引起了共鸣。

当然，吸引听众的方式有多种，有的是在开头采用幽默语、形象语、发问语、警句、格言、典故、谚语等以引起听众的兴趣；有的语言朴实无华，但提出的是党和国家的重大问题；有的则充满激情，具有振奋人心的作用。演说者可根据具体的演说主题，设计好一个新颖别致的开场，一开口就抓住听者的"神经"，从而赢得一片掌声！

俗话说，良好的开端是成功的一半。精彩的开场白可以起到创造良好气氛，激发听众兴趣，说明演讲主题的作用。演讲学界曾有人指出："如果没有一个好的开头，想在整个讲话过程中做到轻松、巧妙地与听众交流思想是颇为困难的。"

总体设计，构思演讲环节

演讲是一门艺术，好的演讲能激发听众情绪、赢得听众的好感。而要做到这一点，需要演讲者演讲内容思想丰富、深刻，见解精辟，有独到之处，发人深思，语言表达要形象、生动，富有感染力。事实上，任何熟练的演讲者都会做足准备工作，在演讲前，他们一定会在头脑中理清演讲思绪，因为他们明白，如果演讲时语言平淡无味，观点毫无新意，即使在现场"演"得再卖力，效果也不会好。

所谓构思演讲环境，顾名思义，就是预先对讲话进行总体设计，是对讲话方式、过程、意图等进行的架构。

了解过TED演讲的人都知道，一次精彩的TED演讲往往囊括了从主题、大纲、初稿到排练、正式演讲中的每个环节，且都要做到最好。

TED演讲中，整场活动的基本流程是：开场表演、上半场4位演讲人发表演讲、中间茶歇、下半场4位演讲人发表演讲。大家想象一下，你如果来参加TED大会，你觉得哪部分是最重要的？有人认为开场舞最重要，有人认为中间的茶歇很重要，

第5章 绝不循规蹈矩，TED擅长以一鸣惊人的结构让听众欢呼

但大部分人知道，演讲才是大会最关键的部分。所以，TED系列演讲，就是要让演讲者在这个最重要的环节里面，每人18分钟，分享他们精妙严谨的想法。

为什么是18分钟？你觉得多长时间的演讲适合你？30分钟？还是1个小时？但是如果一个演讲过于冗长，观众就会不由自主地走神。

TED式演讲，严格遵守18分钟的时间规则。时间不会太长，避免信息量过大，影响思想的传播。时间也不会太短，你可以用正常语速说3500~4000个字，这些字足够你思考自己真正想表达的内容，有哪些要点，以什么样的结构呈现。18分钟也许是个限制，但它能帮你创造一个主题聚焦的演讲。

除了18分钟的限制性创造以外，还有什么技巧可以让你的演讲更精彩？另一个关键点是：你的想法需要一个精妙严谨的设计。那么，什么样才能称之为精妙严谨？除了核心主题以外，你还需要一根主线。这根主线能将所有的叙述串联起来。你可以将主线想象成一根结实的线条，你在上面串上你的思想碎片。

可以说，TED演讲之所以精妙绝伦，与其精妙的构思是分不开的。要知道，讲话是否经过认真构思，将直接影响讲话的水平与效果。构思详细准确，讲话将更流畅、更充实，否则难免在讲话中出现各种纰漏。而任何致力于提升演说能力的人，都可以多从环节设计上着手训练自己。

我们来看看下面的故事：

30岁的陈先生最近刚刚获得一份在商场担任楼层主管的工

作,上级领导交给他的第一个任务是:作一次就职演说。这对于学历不高、木讷的陈先生来说可是个难题,他花了将近十天的时间,来准备这次演讲。

这一天很快就来了,走进公司的会议大厅,他对所有同事和领导说:

"尊敬的各位领导、各位同仁:

虽然我到××的时间不长,但在这短暂的半个月里,我已深深地感受到××这个大家庭的温暖,看到了××的发展前景。我也坚信我能做好这份工作,感谢公司给了我这样一个实现自我价值的舞台,在未来的日子里,我将继续努力,在原有的工作岗位上更加努力地工作,更加刻苦学习,做一个合格的××人。假如大家相信我、信任我,能够给我一次机会,我将在新的岗位上勤勤恳恳工作,认认真真做事,不辜负领导和同事们的希望和重托,将自己的光和热都融化到××的事业中去,脚踏实地地干出一番事业。

最后,我希望能用你们的信任和我的努力作支撑,共铸××商场明天的辉煌!谢谢大家!"

这番演说里,表达了一个职场新人对做好未来工作的坚定决心,可谓至真至诚,自然能打动人心,获得同事和领导的支持。

那么,具体来说,我们该如何构思演讲的环节和内容呢?这需要我们从三个方面努力:

1.构思整个演讲的关键环节

对于任何形式和主题的演讲,要想听众感兴趣,关键环节的构思必不可少。

那么，什么是关键环节呢？

所谓的关键环节，要么是对演讲内容的强调，要么是能振奋听众兴趣的激扬。通常来说，有经验的演讲者会利用悬念、道具或者幽默语言来达到让听众持续兴奋的目的，这些关键环节，是需要听众认真听的。为此，演讲者在讲话的时候，可以通过重音，或者向听众提问来吸引他们的注意。

2.构思讲话的结构与形式

一场高潮迭起的演讲，不但在内容上要引人入胜，形式上更应该是气势磅礴的。我们也发现，即便是内容相同的演讲，但不同的演讲者所讲述的效果是不同的。这是因为他们在演讲时所设计的结构不同。对此，任何经验丰富的演讲者都十分注重演讲时"凤头、猪肚、豹尾"的三段式设计。

在构思这三个部分时，你需要注意的是：

第一部分，你不可操之过急，应该先将听众的注意力吸引过来，然后再展开内容。这一部分要求语言设计巧妙，有吸引人的强烈效果。

中间部分则应该层层递进，不断制造高潮，控制听众的思绪，同时语言要充实、舒展，能将要表达的内容完整准确地表达出来。

结尾部分则应该用简洁有力的话语迅速收住，不拖泥带水。

3.构思整个演讲的内容

要做到构思，首先就要从整体把握。这就要我们根据演讲的目的和场景，然后确定演讲的主题，并搜罗那些能验证我们观点的材料。在构思的过程中，你要对材料进行分析与加工，要确定哪些材料可以用，哪些不可用，以及哪些在加工后才能用，从而使自己讲话的主题建立在充分证据的基础上。这样不但会让讲话内容更充实，还会让自己在讲话时心境更放松、更有自信。

曲径通幽，戏剧化地展现你的观点

生活中，如果你有演说经历，可能你也会发现，很多情况下，如果我们直接向听众表达我们的想法，听众未必能接受，此时，我们不妨换个角度、戏剧性地展现我们的想法，以达到曲径通幽的目的。事实上，很多时候，仅仅用语言未必能恰当地表明我们的意见，此时，我们可以运用表演的艺术来使之更加生动、有趣和戏剧化。

关于这一点，我们先来看看微软创始人、亿万富翁比尔·盖茨曾经在TED大会上的表现。

演讲开始，他拿出一个玻璃罐，然后打开，对观众说："马来热通过蚊子传播，今天，我带了一些蚊子到现场来，因为我认为只有穷人感染马来热是不公平的。"

据后来的报道称，当时在座的听众都被他的这一举动吓得目瞪口呆，无一例外。

稍等了一会儿，他才告诉听众，他带来的蚊子不是疟蚊。

第5章 绝不循规蹈矩，TED擅长以一鸣惊人的结构让听众欢呼

他只是通过这种方式来让大家对这一问题引起重视。

后来，有人上网发布消息称："比尔·盖茨在TED会场放出蚊子，他说'只有穷人被蚊子叮咬是不公平的'。"eBay网站创始人皮埃尔·奥米迪亚也在推特上开玩笑称："下次我可不坐前排了。"盖茨设计的这一个令人难忘的环节，不仅把信息传递给了现场观众，而且传播到了全世界。

这场演讲时间才18分钟，尽管放蚊子环节占总演讲时间不到5%，但真的让观众惊掉了下巴，并且，在很长一段时间，盖茨放蚊子依然是办公室白领们茶余饭后和午间休息的热门话题。

其实，这个放蚊子的环节，就是我们演说中的"噱头"，它成功引起了听众的兴趣和注意力，也博得了掌声。

当然，我们并不是说，在演讲场合，就要带一瓶蚊子，而是说，演讲前要想想你的演讲内容，确定最重要的论点，并选择一种新奇、令人难忘的传达方式。有时，为了加深观众的印象，你需要让他们大吃一惊。

要让演讲更戏剧化，我们可以从语言和演讲结构两方面安排：

1.结构戏剧化：设置悬念

有一次，陶行知先生在武汉大学演讲。

他带着一只箱子走上讲台，然后不急不躁地从箱子里拿出一只大公鸡，台下的听众看到此举有点儿愣住了。随后，陶行知先是不慌不忙地掏出一把米放到桌子上，然后按住公鸡的头，希望公鸡能吃米，但大公鸡就是不吃。接着，陶行知又掰

开公鸡的嘴，将米使劲塞进公鸡的嘴里，但公鸡拼命挣扎，就是不肯吃。最后，陶先生轻轻地松开手，把鸡放在桌子上，自己向后退了几步，大公鸡自己就吃起米来了。全场鸦雀无声，听众的胃口被吊了起来。这时，陶先生则开始了演讲：

"我认为，教育就跟喂鸡一样。先生强迫学生去学习，把知识硬灌给他，他是不情愿学的。即使学也食而不化，过不了多久，他还是会把知识还给先生的。但是如果让他自由地学习，充分发挥他的主观能动性，那效果一定会好得多！"

这时，全场响起了热烈的掌声，听众不禁为陶先生精彩形象的演讲开场白叫好。

陶行知在这次演讲中，就是以展示物品开头的。因为每个人都有好奇心，心中一旦有了疑团，非得探明究竟不可。为了激发起听众的强烈兴趣，可以在讲话之前，先拿出一件物品，在座的听众肯定会好奇心爆棚。

2.语言戏剧化：采用对话的演讲形式

假如你在演讲中要说明你是怎样通过高超的口才技艺，巧妙地平息了一位客户的愤怒，你多半会这样说：

"前几天，我正在办公室，一位顾客突然闯了进来，他满脸愤怒，因为在上周我们的销售员送过去的洗衣机现在在操作上出了点儿问题。我告诉他，我们的售后人员会尽快帮助他解决问题，他慢慢平息了愤怒，心情开始平静下来，对于我处理此事的态度表示很满意。"这样叙述一件事倒也没错，而且很详尽，但少了姓名、此事的过程，最为重要的一点是，少了能让整个事件鲜活起来的对话。我们不妨对这件事的叙事方式修

第5章 绝不循规蹈矩，TED擅长以一鸣惊人的结构让听众欢呼

改一下：

"就在上个星期二，我在办公室，突然，我办公室的门被人打开了，我一抬起头，就看到怒气冲天的查尔斯·柏烈克珊。他是我们公司的一位老客户了，我还没来得及跟他寒暄一番，他就劈头盖脸地说：'艾德，在我发火之前，你最好尽快派辆卡车去把那台洗衣机给我从地下室运走。'

我想问问到底怎么回事儿，他几乎不想回答了，只是在那儿生气。然后，他气呼呼地说：'那台破洗衣机根本不管用，丢进去的衣服全部纠缠在一起了，现在我的老婆快烦死它了。'

我告诉他先坐下，然后慢慢解释。

他的回答是：'我哪有时间坐，我马上就要上班吃早饭了，我想我以后大概再也不会在你这里买什么家电了。'他一边说，一边愤怒地拍打桌子，还敲我太太的照片。

'请听我说，查尔斯，你坐下来把事情慢慢告诉我，我保证，我会做你要求我做的任何一件事。'听到我这样说，他的心情才慢慢平静下来。"

当然，这并不是要求我们每次都在演讲中穿插对话，但就上例而言，我们能看出，如果演讲者运用对话的话，演讲将变得更有戏剧性。而且，如果采用我们日常生活中的对话，那么，整个演讲就更为真实可信了，它能让你看起来更像个有真情实意的人，是在与听众谈话，而不是像一个满腹经纶的学者在宣读自己的论文，或者是朝着台下的观众灌输思想。

当然，戏剧性演讲不能故弄玄虚，这一方法既不能频频使

用,也不能悬而不解。在适当的时候应解开悬念,使听众的好奇心得到满足,也使前后内容互相照应,结构浑然一体。

总之,演讲中,我们要想让自己的想法影响到听众,首先不要直接表达自己的意图,而要学会曲径通幽、戏剧性地表达,这能帮助我们很快达到自己的目的。

巧妙铺垫,营造氛围让听众乐于听下去

众所周知,要想演讲成功,演讲者就要在演讲前做足准备工作,要热爱自己的题目,要有真诚的态度,还要把听众考虑进去。为此,演讲中,我们要善于巧妙铺垫、营造氛围,以此带动听众的热情。

肯·罗宾逊曾在TED大会上发表过名为《学校扼杀了创意吗?》的演说,在开场3分钟内,他一直讲笑话,迅速炒热了现场的氛围。

我们来看看:

"早安,大家好吗?这次大会实在很精彩,对吧?这一切都让我太震惊。所以,我现在要离开了。(笑声)

我今天要在这次大会上谈的是与大会三个主题相关的问题。第一,……第二,……第三,……我的观点是我们的孩子本来极富有天赋,但被我们扼杀了,所以我要谈谈孩子的教育与创意问题。我认为,在教育中,创意与知识同等重要,我们应该给予两者平等的地位。(掌声)谢谢。就这样,我说完

了。谢谢大家。（笑声）所以，还剩下15分钟。"

的确，听众是演讲活动不可缺少的重要方面。演讲是演讲者与听众的双向交流活动，演讲者是信息的传播者，听众是信息的接受者。演讲者离开了听众就失去了对象，演讲活动就无法进行。可见，成功的演讲者既要使演讲成为听众的一部分，也要使听众成为他的演讲的一部分，而其中首要的，便是要了解和掌握听众的心理特点。

在一次欢迎加拿大贵宾的宴会上，加拿大总理特鲁多致辞说：

昨天的我观赏了香山枫叶，使我想起了我们国家美丽的秋天。那枫叶也是我国秋天的美景，大家知道，枫叶还是加拿大国旗上的图案。我请大家尝尝宴会上的糖果，它是从枫叶中提炼出来的，是不是和北京东风市场上的果脯一样甜蜜。

这样的讲话开头典雅、优美，尤其注意到以两国相通的事物来沟通演讲者和听众的情感，具有沁人心脾的最佳效果。

可见，营造良好的演讲氛围，可以带动听众的积极性，并能够很好地学到演讲技巧。演讲中的"营造气氛"，指的是让听众跟随你的意志走。只有从主题出发，结合现场的具体情景，针对听众此时此刻的心态和情绪，灵活地调动各种语言手段，才能达到如此效果！

这里讲的"气氛"，就是要带动听众的情绪，和听众达到一种情感的共鸣。这里的气氛，可以是活泼的，可以是热烈的，也可以是庄严的……那么，怎样营造这种氛围呢？

1.打破常规、标新立异

人都是有好奇心的，如果在演讲中加入一些能满足人们好奇心的因素，那么，势必能营造出良好的演讲氛围。为此，你需要做到打破常规、标新立异，但前提是尊重文化传统和思维习惯。

2.酝酿浓厚情感，以情动人

曾经在北京的某贵族学校，某位希望工程的发起者来参加演讲，他还没开口，台下那些家庭条件优渥的孩子，就开始叽叽喳喳、说个不停，现场一直安静不下来。

演讲者见情形不妙，便大声喊了几句，但这种方法似乎根本不管用。于是，他叫来一个在现场的老师，将电闸关掉，礼堂便突然漆黑一片，孩子们也随之安静了下来。

这时候，这位发起者啪地一声打开了幻灯机，银幕上顿时出现了那张有名的"大眼睛女孩"苏明娟的照片。这些孩子顿时也睁大了眼睛，看着幻灯片上的照片。

"同学们，你们家里有没有照相机呀？"发起者此时突然提问道。

"有！"下面齐声回答。

"你们会不会照相？"

"会！"

这时，发起者便指着下面的一位同学问："请你说说看，照相有什么样的意义？"

"留着作个纪念呀。"

"好！作为留念。那就请大家看看，老师给这些山里孩子

第5章 绝不循规蹈矩，TED擅长以一鸣惊人的结构让听众欢呼

拍的留念照片吧！"

然后，他每放映一张照片，就介绍一个有关失学儿童的故事。

在这里，这位演讲者就是利用讲述照片来历的故事，既抓住了同学们的注意力，又营造出一种与演讲内容相适应的肃然气氛，使同学们很快进入"规定情景"之中，激发了他们对贫困学生的关注和同情心。

当然，以情动人除了要求说话人自己要动真情之外，还要求说话人善于将自己的真情实感淋漓尽致地充分表达出来，迅速激起听众的共鸣。说话人必须善于体察听众的心境，用饱含浓情的言辞去拨动听众的心弦。

3.给听众看一场"秀"，营造出亲切可信的气氛

生活中，我们经常会看到一些减肥产品的宣传者当众说："站在你们面前的这个美女只有45公斤。但你们知道吗，她曾经是个重达65公斤的'圆球'！假若有人需要减肥的话，是一定办得到的。相信你们也一定能行！"

此话一出，听众肯定会翘首以待听他的"减肥真经"。可见，有时候，演讲的真正含义并不完全在"讲"，还在于"演"。如果能给听众一场秀，与听众互动，就会给听众以亲切、真实、可信之感，就会调动起听众的热情，而这自然就增强了演讲的感染力。

总之，如果听众对演讲内容有极大兴趣，便会采取积极、热情的合作态度；反之，则会采取冷漠甚至敌视的态度，演讲就不会成功。因此，演讲者必须在了解听众的基础上力求触发

听众的兴奋点和创造欲，才能实现最终目的。而成功的演说者在演说前往往都会进行一番铺垫，与听众互动，以营造让听众乐于倾听的氛围。

首尾呼应，演讲的结尾同样重要

俗语说：良好的开端是成功的一半。这句话用来说明优秀演讲开头的功用颇为适宜，然而，演讲的结尾同样重要。何时结尾对于很多演讲者来说，也是一个难以把握的问题，因此，要进行演说的我们，不仅要对演说开场引起重视，还要懂得如何结尾才能使自己的演说在一片"掌声"中结束。

在TED演讲台上，奈杰尔·马什在《怎样达到工作和生活的平衡》演讲中，示范了用一句特别的话结尾，不说"谢谢"。

"现在，我想说的是，小事才重要。"

他要告诉观众，要想做到更平衡，不表示你的生活要产生剧变。只要花最小的投资，用在适当的地方，你就可以彻底转变你的工作与生活的质量，并且，可以改变社会。社会是人组成的，如果大家都这么做，就能改变社会，帮助人们摆脱一个观念：死的时候拥有最多钱的人才是赢家；对于我们究竟应该过着什么样的人生，做出一个更深刻和更平衡的界定。

可见，结尾在演讲中的重要性不亚于开场，恰到好处的结尾能给听众留下深刻的印象。

具体来说，我们可以从以下几个方面来结束演讲：

第5章 绝不循规蹈矩，TED擅长以一鸣惊人的结构让听众欢呼

1.总结主题

接下来是芝加哥一家铁路公司的交通经理的演讲：

"各位，总结起来，根据我们在自己内部操作这套信号系统得出的经验，也根据我们在东部、西部、北部使用这套机器的经验，我们得出的结论是，它操作简单、准确。另外，它在一年内能通过阻止撞车事件发生而节省下一大笔金钱，使我们迫切地建议：立即在我们的南方分公司采用这套机器。"

毋庸置疑，这段演讲是成功的，前段部分的演讲内容我们完全不必看，就能清晰地明白其演讲的主题，他用几个简单的句子，就总结了整个演讲的全部重点内容。

事实上，我们演讲都有一定的目的，或传播思想，或鼓励听众采取某种行动，这也就是我们的主题。而演讲者在进行一番慷慨激昂的陈述后，便可以用短暂精练的语言对自己的观点与思想作一个高度概括，以起到强化和总结主题的作用。

不过，在现实的演讲中，更多的情况下，即便只有几分钟的讲话，演讲者也会将内容进行扩展，而到了演讲快要结束的时候，他还是没有将自己的论点传达给听众，而听众也是听得一头雾水。

一般只有极少数演讲者注意到了这个问题，而大多数演讲者通常会认为，他们脑海中的观点已经十分清楚明了了，听众也应该十分清楚。但实际上，演讲者对于演说做了大量的准备和研究工作，而听众并没有，演讲者说的话对于他们都是新鲜的，所以，如果演讲者不直接阐明，听众是无法明白的。

2.重述开头

在结尾重述开头，这样的结尾方式是强有力的，能创造出一种节奏感。对于任何一个演讲来说，这都是一种自然有效的结尾方式。

我们可以在演说中运用以下这些收尾话术：

"这样看来，我们不得不学习一些新软件的使用方法，这样能无形中提高我们处理工作的效率。"

"我已经要你们接受管理方式上的转变，并祝贺与支持詹妮弗升任我们的区域销售总监。"

"各位同仁，我已经强调过，各位都是全公司最优秀的成员，每年，你们都会以最佳业绩站在优秀员工的领奖台上，你们也用行动和成绩证明了自己的能力，我很高兴，也很荣幸能够和你们一起走向成功。"

"说实话，我们现在不得不改变当下为顾客服务的模式了，逐一追踪的模式也是时候退出我们公司的历史舞台了，我们需要创造一个新的系统，让我们随时了解生产线上每一产品的情况。"

……

这虽然并不是一种别致、激动人心的结尾方式，但是不仅能帮助你重申演讲主题，还能帮助你巩固信心，特别是当你振奋精神、让你所说的最后几句话仿佛具有了音乐旋律时，这种结尾方式对你最为有利。

3.请求听众采取行动

在希望获得听众行动的演讲中，当你说到最后几句、演讲

第5章 绝不循规蹈矩，TED擅长以一鸣惊人的结构让听众欢呼

时间已到时，就要立即开口提出要求，比如，要听众去参加社会募捐、选举、购买、抵制等其他任何你希望他们去做的事。当然，这也需要遵从几点原则：

（1）提出的要求要明确。比如，如果希望听众为红十字会捐款，你不要说："请帮助红十字会。"这种请求模糊不清，而应该说："今晚就请寄出10美元的入会费给本市××街××号的红十字会吧。"

（2）提出的要求要在听众的能力范围内。比如，别说："让我们投票反对'酒鬼'。"这对于听众来说不可能办到，不过，你可以请求听众参加戒酒会，或捐助为禁酒奋斗的组织。

（3）提出的请求要简单易行。不要对你的听众说："请写信给你的参议员投票反对这项法案。"绝大部分的听众是不会这么做的，原因多种多样，要么是他们不会有如此强烈的兴趣，要么是他们觉得麻烦，要么是他们根本就不记得。

因此，你的请求要让听众听起来觉得简单易行才可以。怎么做呢？自己写封信给参议员，然后在上面附上："我们联名敦请您投票反对第××号法案。"然后再把你的信和笔在听众之间传递，这样你就能轻松获得很多人的联名签名。

总之，演讲时，我们一定不能虎头蛇尾，最好做到首尾呼应，这样不仅照应了文章的开头，还升华了演说的主题。

第6章

始终让听众热情高涨，学习TED演讲者出色的控场能力

对于任何一名演说者来说，都希望整个演讲过程顺风顺水、观众热情高涨、演讲顺利结束。然而，在演讲过程中，总会不可避免地出现一些冷场或者尴尬的场景，此时，演讲者是否有一定的危机处理能力，是衡量其综合素质能力的重要标准。所以，任何一个演讲者，在学习TED演讲技巧的同时，更要学习其演讲者的应变能力和把控全局的能力，换句话说，就是要善于临场察言观色，在遇到演讲危机时及时调整心态，及时修正补充自己的演讲内容，为演讲成功打下良好基础。

提一个开放性的问题，让听众参与进来

我们都知道，任何交流形式都是相互的，演讲中，与听众的互动也是如此。一些人在演讲中如鱼得水、尽得听众掌声，而有些人却被听众冷落、一个人唱独角戏，其中一个重要原因就是听众对你的话不感兴趣。而我们熟悉的 TED 演讲高手们都有一项出色的技能，他们总是能营造出愉快的沟通氛围，这是因为他们善于通过提问来挖掘听众的兴趣。听众一旦愿意听你说话，便会认同你、接受你。但事实上，提问也并非一件易事，因为我们的提问只有在发挥积极的作用下，对方才愿意回答。而这就要求我们多提积极的、开放的问题，因为通常来说，只有开放性的问题才能让听众回答的范围越来越广，也才能产生积极的效果。

一个刚来到澳大利亚的中国留学生遇到了这样的一件事。

一天，他在街上闲逛，这时，一个金发小姐走过来，并对他说："您是中国人？"

"嗯。"他下意识地回答了一声。

"那么，我能问您几个问题吗？"

"但是我并不懂英语。"他打着手势，装作并不懂的样子。

第6章 始终让听众热情高涨,学习TED演讲者出色的控场能力

"请放心吧,只是四个问题。"金发小姐对他微笑了一下,然后问了一连串的问题:"您是学生还是工作了?您最想做的事是什么?将来想从事什么工作?对未来有何打算?"

听到金发小姐的问题,他所有的疑问都消除了,他心想,在这样陌生的一个城市中,竟然还有人关心他,关心他的工作、生活,甚至未来等。于是,他很诚恳地回答了金发小姐的问题:"我还是学生,但我同时也在打工。每天,我都感到很压抑,我没有朋友,因此,我希望和别人交往。在未来嘛,我当然希望从事我喜欢的工作并取得一定的成就。"

"您渴望交朋友、渴望让自己的生活丰富起来,也渴望成功,那么,您想过没有,你可以选择一个媒介去帮您实现,对于这一点,我就能告诉您。"

他感到十分惊奇:她怎样帮助我实现?于是,他在金发小姐的带领下,来到了她的办公室。接下来,金发小姐告诉他,她的工作是帮助那些有困难的人,根据他们的具体情况,为他们推荐他们需要的书籍,并且,这里的书籍还可以享受九折优惠,于是,这位留学生在最后不得不买了金发小姐推荐的一本书。

在这个案例中,金发小姐之所以能成功推销出自己的书,就是因为她善于提问。她先用一连串的问题,而这些问题是丝毫没有涉及推销的,并且是从关心留学生的角度提出的,因此,很快便使留学生消除了心理障碍。然后,她再适时地引入销售问题,让留学生产生一种继续想知道的愿望,随后,金发小姐成功推销出书也就成了一个事实。

同样，这一方法也可以被运用到演讲中。的确，开放性的问题因为具有很大的回答空间，能激发听众的说话欲望，进而让听众参与到谈话中，在听众感受到轻松、自由的说话氛围后，便会对你的演讲产生兴趣。

通常来说，开放性的提问方式有一些典型问法，比如，"为什么……""……怎（么）样"或者"如何……""什么……""哪些……"等。具体的问法就像案例中一样，需要我们认真琢磨和多实践才能运用自如。

当然，在提开放性问题的时候，我们还需要注意以下几点：

1.以轻松的问题发问

以轻松的话题开头，最好不要直接涉及演讲的主题。当然，以这种问法开头，要求我们掌握在交谈中的主动地位，这样问的目的在于一步步引导对方，在对方肯定了我们所有的问题后，自然会得出积极的结论。

2.对于听众的回答，千万不要否定

演讲中，当你提出某个开放性问题后，听众的回答你不认同，你甚至特别想说服他接受你的观点，此时，你最好不要一上来就否定他的观点，说他的观点是错误的、荒谬的，这样你一定不会获得你想要的结果。相反，你如果能机智、委婉地说出你的观点，然后将听众引导到其他话题，从而让他们忘记自己原来的观点，就能将话题继续下去，就能获得演讲的成功。

3.避开听众的忌讳

事实上，每个人都有自己的忌讳，也都讨厌别人提及自己的忌讳。因此，我们在提开放性问题的时候，最好要避开这类话题，要把握分寸，不要伤害到别人的自尊心。

听众都喜欢那些轻松、和谐的演讲环境，而你是否能达到演讲目的，与客户是否愿意互动有直接的关系。我们多提开放性的问题，能使听众产生回答的兴趣，从而愿意继续听下去，何乐而不为呢？

演讲中说错话，如何摆脱尴尬

相信不少演讲者有过这样的经历，我们已经做足了演讲的准备，但是在说话时还是因为各种原因说错了话，也就是口误，此时，我们难免会陷入尴尬境地。那么此时，该如何是好？

所谓口误，顾名思义，指的就是说了不恰当的话。在普通场合，说错了话倒是无伤大雅，但是在公共场合，说出去的话就如泼出去的水，说错话很容易闹出笑话，影响演讲效果。那么，我们为什么会出现口误呢？原因有很多，比如，演讲者紧张或者态度轻率、知识贫乏等。但是，在具体的演说实践中，只要头脑清醒、观察敏锐、判断正确、处理及时和方法灵活，演说者就可以成功地从口误的窘境中摆脱出来。

为此，TED演讲大师们一致建议：演讲时口误是经常发生的，我们可以置之不理，当作没有发生，继续演讲；或者可以沿着错误说下去，然后进行自我反驳；也可以歪解错误，将错就错,通过自己的解说将错误拉回正轨。

何琳是我国著名女演员,2005年,她凭借电视电影《为奴隶的母亲》一片一举夺得国际艾美奖影后桂冠,而林雨申也曾因为电视电影《冯齐的忏悔》获2006年国际艾美奖最佳男主角提名。碰巧的是,这对"国际艾美姐弟"在电视剧《麻辣婆媳2》里饰演的也是一对姐弟。

剧中的两人由于人生观、价值观的不同,经常看不惯对方的处世方式,但这丝毫不影响两人私底下的感情。在片场,两人总喜欢互开对方玩笑,每次都把剧组工作人员逗得哈哈大笑。在《麻辣婆媳2》剧组人员接受记者采访的时候,两个人经常会在采访中途说着说着就跑题了。林雨申看着何琳,并"质问"她怎么老把自己带跑题,何琳则不以为然:"那你为什么跟着我跑哇?"林雨申说:"因为你漂亮啊!"

一句话让何琳哭笑不得,拿这个带着一抹坏笑可是嘴巴很甜的"弟弟"无可奈何。两个人用幽默来化解了"跑题"的失误,使得气氛更加轻松、惬意了。

比如,发现自己漏讲了某一点、某一段,可以随后补上,不必声张;念错某个字词,或讲错某句话,也可以及时纠正,或在第二次出现时纠正。万一听众发现了你的错误,也不要紧,不妨将错就错,自圆其说。在这方面,表演艺术家有许多成功的经验可以借鉴。

演讲者如果出现类似失误,完全可以借鉴这种补救的做法。例如,某同学作演讲时,想用一段诗作为开场白:"浓浓的酒,醇醇的……"但他一上台就念成了"酒……",而将"浓浓的"漏掉了。他灵机一动,将错就错,干脆将诗改成:"酒,浓浓的、醇醇的……"听众对他的妙改报以热烈的掌声。

其实,在实际的演讲中,即便是那些经验丰富的演说大师,也有可能出现口误,而总结和研究口误的补救方法,是演说艺术活动的客观要求。

那么,究竟应该怎样补救呢?

1.别着急道歉,听众可能还未意识到你的口误

一旦不小心说错了话,你不必刻意承认错误,也不必道歉,只需要在听众还没反应过来时将正确的话再说一遍即可,这样,既纠正了自己的错误,又能让演讲继续下去。我们来看下面两句话:

请看两句演说实录:"一九七二年八月一日,一九二七年八月一日,是中国人民解放军的建军节。"

"在这次语文、英语统考中,我校考生取得了较好的成绩,两科及格率分别为百分之八十五和百分之九十,分别为百分之九十和百分之八十五。"

这里,第一句话中,演讲者的错误在于说错了时间,而第二句演讲者的口误在于颠倒了数字顺序,但演讲者在认识到自己的口误后,都立即给予了纠正。在一些书面材料中,这些失误会让人啼笑皆非,但是在演说中,一般听众不会为此大惊小怪,我们演说者也就不必紧张。

2.通过设问形式巧妙地否定口误

与上法所不同的是,它不是直来直去,而往往是通过设问

形式巧妙地否定口误。因此，只要运用得当，此法就显得更机智、更有审美价值。具体做法如下：

（1）自己提问，自己回答。例如，某厂团委书记在讲到"我国明代的四大名著是《水浒传》《西游记》《红楼梦》和《西厢记》"时，会场立即笑声四起。机灵的演说者马上话锋一转："在上次文化考试中，有份试卷就是这样回答的。对吗？当然不对，我国明代的四大名著是《水浒传》《西游记》《红楼梦》和《三国演义》。"

（2）自己提问，听众回答。比如，在进行某些课程的培训时，可以这样更正自己的口误："同学们，这样讲，合适吗？"这时，听众席上便议论开了，胆大的还纷纷答道："不合适。""不对。"类似的例子尚可举出若干来，仅从这两则就不难看出，此法不失为一种良好的脱身术。

从上述分析中自然可以得出结论：从根本上讲，克服口误的关键就在于不断提高演说者自身的修养，只要我们巧妙应对，就能使演讲顺利进行下去。

遇到听众的恶意攻击，请微笑面对

在演讲场合，我们都希望能打动听众，在一片掌声中结束讲话，然而，很多情况下，却有一些不怀好意的听众，他们可能是我们的竞争对手，可能是看不惯我们的人，在我们演讲的过程中，他们总是伺机给我们出难题，甚至会故意挑衅、刁难

第6章 始终让听众热情高涨，学习TED演讲者出色的控场能力

我们，这种情况很容易使我们处于不利的地位。对此，TED演说大师们给出几点建议：这个时候，如果我们能让自己的思维展开飞翔的翅膀，运用幽默机智，绵里藏针，柔中寓刚，就能巧妙地粉碎他人的挑衅，让我们从这种矛盾中解脱出来。

作家鲁迅说："用玩笑来对付敌人，自然是一种好战法，但触着之处，需是对手的致命伤。'幽默'或'玩笑'，也都要生出结果来的。"可见，不动声色、微笑面对是回击他人挑衅的有效手段。

20世纪30年代，美国政界要人凯升首次在众议院发表演说时，打扮得比较土气。一个议员在他演讲时插嘴说："这位伊利诺伊州来的人，口袋里一定装满了麦子呢！"众人听了哄堂大笑。

凯升不慌不忙地说："真的，我不仅口袋里装满了麦子，而且头发里还藏着许多菜籽呢。我们住在西部的人，多数是土头土脑的。"他自嘲式的坦率赢得了大家的好感和敬意，接着，他大声说："不过，我们藏的虽是麦子和菜籽，却能长出很好的苗子来！"

众人对这位不卑不亢的演说者鼓掌赞赏，他的演说成功了。

这里，面对这位议员的嘲笑，凯升并没有与之辩论，而是采取"以子之矛，陷子之盾"的方法，开了一个自己的玩笑，轻松地反驳了他人犀利的言辞。

有一次，林语堂在美国哥伦比亚大学讲授中国文化，对中国文化大加赞誉。一位女学生不服气地发问："林博士，你是

说，什么东西都是你们中国的好，难道我们美国没有一样东西比得上中国的吗？"

这是一个不好回答的问题，如果林语堂反过来赞扬美国，不利于演说的主题；如果严肃地表示美国不如中国，则会引起在座学生的敌意。

于是，林语堂只是轻松地回答："有的，你们美国的抽水马桶就比中国的好嘛。"

他的话引起哄堂大笑，气氛活跃而和谐，发问者对这一回答也无话可说。

的确，在公众场合，你的言论难免会成为某些人攻击的对象，此时，冷却情绪，运用绵里藏针的力量微笑回击，既能击退听众的挑衅，又能使演讲继续下去。

当然，要想做到轻松摆脱听众挑衅的尴尬，我们就要有大肚能容的心胸，因为我们不可能让每个听众都把我们当朋友、接受我们的观点，另外，我们最好能掌握一些能击退听众恶意攻击的方法。具体来说我们需要做到：

1.保持灵敏，预先察觉出对方的态度

这里，需提醒你的是，一个猎人如果只知道带枪，而不知道如何瞄准、等待时机扣扳机，那么，他永远也捕捉不到猎物。同样，在反击之前，一定要先把对方的话语听明白，以便把握目标，瞄准靶子再放箭。这样才能既不滥杀无辜，也不放过小人。

这种应变对策还贵在我们预先发现对方的攻击倾向，这就要求我们做到机变睿智，能够及时判断出对方下一步所要玩弄的手段，抢先给对手设置拦路板，使他所要施展的手段失去用武之地。

2.冷静下来

当被听众攻击后，难免会生气，而在气头上，你很容易就会被冲昏了头，而走上情绪的不归路。因此，你的首要之务就是先为自己的情绪降温。这话说来容易，该怎么做到呢？你可以转移自己的注意力，例如，"一、这个茶杯是黄色的……。二、他穿的毛衣是黑色的……"数十至十二项物体的颜色之后，你会发现自己冷静多了。

3.使用建设性的内心对话

赫尔明曾说："许多怒火中烧的人不分青红皂白责备任何人和事，而使怒气徘徊不去的是你自己的消极思维方式。"任何情绪都是来自我们的想法，那么，在面对他人挑衅时，你就应该加强内心的想法，准备一些建设性的念头，以备不时之需。例如，"我在面对批评时，不会轻易地受伤。""无论如何，我都要平静地说，慢慢地说。"等。

当你能遏制住自己的怒火后，你也就能心平气和地处理问题了。

4.无论如何不要说粗话

不管你说的是"傻瓜"还是更粗野的词语，你一旦开口辱骂，就把对方列为了自己的敌人。这会使你更难为对方着想，而互相体谅正是消除怒气的最佳秘方。

5.再把难题"踢"给对方

当然，你不可能对对方玩弄的任何花招都防患于未然，反问的应变对策也适用于事后补救。如果对方提出的要求极不合理，你也可以以极苛刻或不切实际的提法要求对方。如此一来，对方就不得不收敛起他那盛气凌人的态度了。

总之，无论听众如何挑衅，作为演讲者，我们都要始终保持应有的素质和态度，不可出言不逊，一旦你说出了粗野的词语，或者辱骂了听众，你的行为也会被其他听众看在眼里，那么，这场演讲就搞砸了。所以，无论某个听众怎样挑衅，你都互相体谅，这才是消除怒气的最佳秘方。

遇到尴尬时，可以开开玩笑来舒缓气氛

相信不少演讲者都遇到过这样的一些窘态，比如，上台演讲时不小心跌倒了，或听众发笑时才发现自己衣服扣子扣错了，或拉链没拉好，或帽子戴歪了。遇到这种情形，演讲者多半会感到尴尬。对于这一点，TED演讲大师们称，演讲者可以开开玩笑，跟着听众一起笑，在笑声中恢复常态。对此，听众一般是不会介意你的失误的。

比如，古代有个石学士，一次骑驴不慎摔在地上，一般人一定会不知所措，可这位石学士不慌不忙地站起来，说："亏我是石学士，要是瓦的，还不摔成碎片？"一句妙语，说得在场的人哈哈大笑，自然这石学士也在笑声中免去了难堪。

又如，一位胖子摔倒了，可以说："如果不是这一身肉托着，还不把骨头摔折了？"换成瘦子，又可以说："要不是重

第6章 始终让听众热情高涨，学习TED演讲者出色的控场能力

量轻，这一摔就成了肉饼了！"

同样，演讲中，要想摆脱尴尬的局面，就要及时调整心态，做到提得起、放得下、想得开。这样不仅可以平衡和缓解自己不满的情绪，还可以使别人对自己有一种全新的认识。

比如，获得奥斯卡最佳女主角奖的雪莉·布思上台领奖时，由于跑得太急，上台阶时绊了一下，差点儿摔倒。她在致辞时说道："我经历了漫长的艰苦跋涉，才到达这事业的高峰。"这句应变的开场白简直妙不可言。她将上台领奖遇到的挫折与拍电影历经的艰辛巧妙地结合在一起，既揭示了达到事业顶峰的真谛，同时又化解了险些摔跤的尴尬，可谓一举两得。

2010年，温哥华冬奥会在落下帷幕的时候，国际奥委会主席罗格用"卓越和友善"高度评价了那届冬奥会，并把奥林匹克五环旗交到下届冬奥会举办地俄罗斯索契的市长纳姆索夫手中，然后闭幕式就开始了。

在开幕式上有一个小花絮，就是一根因为工作人员的某些失误而没有竖起来的欢迎柱。而在闭幕式的大幕拉开时，火炬台依然以开幕式时"残缺"的状态搭建着，开幕式上的失误，就这样被组委会自己再度摆在了世界观众的面前。随后，一个装扮成电工的小丑蹦跳着来到会场，来到没有竖起的那根欢迎柱的大坑前，他装作在检查的样子，最终找到故障原因。他如释重负般将电源插好，拍拍手，开始试着将那根硕大的柱子从地下拉起来。在小丑的卖力拉动之下，那根欢迎柱缓缓竖起来了，并且和其他几根欢迎柱搭建在一起。

随后，冬奥会开幕式主火炬手勒梅·多恩被小丑请进场，她随即点燃了奥运火炬，奥运圣火熊熊燃烧。

开幕式上的错误，就这样以一种幽默和伟大的方式解决。而有两次点火的奥运会，恐怕也是史无前例的。全场观众都沸腾了，为组委会这样勇敢地直面错误，并以幽默的方式来化解而欢呼。

可见，演讲中处境尴尬时，用自嘲来对付窘境，不仅能很容易找到台阶，而且多会产生幽默的效果。所以，自我解嘲，自己先笑起来，是很高明的一种脱身手段。而且在演讲中遇到尴尬时，通过戏谑可以舒缓气氛，创造一种轻松的氛围，尴尬自然荡然无存。具体来说，你可以这样做：

1.做到思想放松，没有顾虑

心理学家詹姆士说过："说话时若能做到思想放松、随随便便、没有顾虑、想到什么就说什么，那么谈话就能进行得相当热烈，气氛就会显得相当活跃。"抱着"说得不好也不要紧"的态度，按自己的实际水平去说，是有可能说出有趣、机智的话语来。

2.冷静说话

一个冷静的演讲者，总是能控制自己的情绪，过于激动，无论对讲话或听话的人来说，都会影响表达或听取的效果。

3.要使思考的速度与谈话相适应

思考的速度通常要比讲话的速度快若干倍，因此，在讲话前，你的大脑要抓紧工作，勤于思考分析。你如果一边说话，一边心不在焉，不动脑筋，那么，很可能会出现语言失误。

4. 遇到尴尬，大方面对

当遇上一些尴尬的事情时，要大度一些，不要一本正经。此时，一句不伤大雅的玩笑，就能活跃讲话气氛，消除他人的防卫心理，否则也会让别人感到压抑。

总之，演讲中，要想摆脱尴尬，我们首先要做到的就是放开心境，拿自己开开涮，而不是费尽力气自我吹嘘、自我标榜，反而只是以博人一粲，让人真心受到吸引。开自己玩笑，是从平凡的、趣味的、不甚完美的角度来观看自己，让别人有喘一口气的机会，也让自己从遥不可及的宝座上滚落红尘，与众生同声一笑。

演讲突然忘词，怎么巧妙衔接

对于很多演讲者尤其是演说经验不足的人来说，他们最怕出现的问题大概就是忘词了。可能你事先已经准备得很充分，但因为紧张、经验不足，在说话时突然出现大脑空白的现象，甚至有一些人一站上演讲台就开始忘词。这种情况下，我们该怎么办？

我们先来看看TED演说者是怎么处理的。

在TED掌门人的《演讲的力量》这本书中，提到了莱温斯基的演讲。

在演讲前，莱温斯基做了很充足的准备，因为这一场演讲对她太重要了，她希望能做到万无一失。下面是莱温斯基给出的几点防止演讲忘词的方法：

第一，用谱架代替讲台。

因为谱架是倾斜的，当你把演讲词放在上面的时候，你的双手就解放出来了。的确，当你的双手拿着演讲稿或者道具的时候，是影响你的手势的，当你投入演讲的时候，手部动作跟内容是融为一体的，当你不需要用手拿稿，你可以更自由而灵活地掌控你的现场，思路更不容易中断。

第二，将你演说的内容放进一个页面。

如果你研究莱温斯基的演讲，你会发现，在整个演说的过程中，她都没有翻页，因为翻页的时候，难免会分心，影响表达。

第三，在演讲词中只写关键词或者提示词，而不是一字一句都写下来。

第四，想做一个好演讲，脱稿很重要。

莱温斯基这个例子是想让大家看到，在能脱稿的情况下为了万无一失你可以有什么选择。

当然，如果在演讲中忘了演讲词，演讲者千万别让自己"卡壳"时间太久，而应强使自己集中思想，争取在两三秒之内回忆忘掉的词语。若实在想不起来，可根据原来的意思另换词语，或者干脆另起一行，将下一段内容提上来讲。但前提是我们要冷静下来，不可因为忘词就紧张、乱了阵脚。

小宇是一名优秀的高三毕业班学生，在紧张的备考情况下，他作为学生代表，即将参加市里的演讲大赛。虽然已经参加过很多次规模大小不一的比赛，做足了充足的准备，但他还是有点儿紧张。

第6章　始终让听众热情高涨，学习TED演讲者出色的控场能力

这一天很快就来了。登台之前，他长吁了一口气，让自己的紧张情绪平复了下，然后他开始不紧不慢地讲了起来："亲爱的老师、同学们，大家好……"演讲进行到快半小时的时候，小宇突然脑袋短路，不知道该怎么说了。但小宇是个有比赛经验的人，他有着良好的心理素质，他一边思索演讲稿中接下来的片段，一边说："说到这里，今天的天气有点儿热，想必大家也有点儿渴了，都想喝水，当我们看到手边的水杯时，有没有想到水对于我们的生活是多么重要……"很快，小宇又将话题引入到了他要说的主题上，演讲也就衔接下去了。

案例中的高三学生小宇在忘词的情况下并没有中断演讲，而是迅速转移到与演讲主题相关的话题上，进而使演讲顺利衔接下去。

任何一位演讲大师，总是能掌控场面，即使在遇到忘词的情况下，依然会活跃演讲气氛，一句轻松的话就能有效地吸引听众的注意力，使演讲内含的信息和情感得以准确传达，以起到拯救演讲危机、让演讲者再度成为听众注目的中心的作用。

演讲中，当我们忘词的时候，我们可以使用以下三种衔接的方法：

1.幽默法

2006年10月，法国前总统希拉克在北大发表演讲。在回答一位学生的提问时，麦克风忽然出现了一点儿故障，尴尬的场面发生了。这时，这位74岁的老人像孩子般做了一个顽皮的鬼脸，耸耸肩说："这可不关我的事，我没碰它。"一句话引来全场听众的笑声和掌声，尴尬气氛顿时消散。

2.跳跃法

演讲者演讲忘词，最常见的就是话到嘴边，却突然不知道该说什么了。对于这种情况，不妨直接跳过去，这就是跳跃法。

这一方法虽然将原先准备好的几句或者一段演说内容忘记了，但不至于因为停顿而影响整个演讲气氛，影响整个演讲的效果。

当然，需要提醒的是，如果忘记的是重要的一句话或者一段话，而在后面的演讲中你又想起来，此时，你可以采取在收尾前补充的办法。比如，可以这样说："这里值得一提的是……"这样不但能起到补充的作用，还能强调重要内容。

3.插话法

当你在演讲中突然忘词时，不妨插入一两句与演讲有关的话，并利用这段时间来回忆被遗忘的内容。

比如，讲着讲着忘词了，这时，不要停顿，你可以与听众互动下："同志们，前面这一部分我不知道大家是否听清楚了？"说完，你就可以扫视全场，而就在扫视的瞬间，就完全可以想起下面应当讲的内容了。一旦想起，你就可以说："好，既然大家听清楚了，我就继续讲下去。"

4.重复法

所谓重复法，就是在你忘词的时候，将之前最后一句话再重复一遍，此时，断了的思绪往往能重新衔接上，使演讲顺畅地继续下去。

此处，因为你重复的是你刚刚说过的内容，所以你不会有

第6章　始终让听众热情高涨，学习TED演讲者出色的控场能力

什么心理负担，甚至能减轻你的心理压力，这样，你就能轻松自如地回想起你忘记的内容。把之前讲过的要点复述之后，再讲接下来的内容，这样你就能以一个平静的心态或者稍微平静的心态继续讲下去。

比如，前段演讲的最后一句话是："我理解了他们的爱吗？我懂得爱他们吗？"而后段的前句话是："从那以后我变了"。一旦前段讲完了，而后一段的前句话又忘了，这时，你可以有意地加重语气，重复讲一遍前段最后的那句话"我懂得爱他们吗？"往往就在重复的这一瞬间，便想起了后段的第一句话"从那以后我变了"。这样，演讲就可以继续下去了。

当然，解决演讲忘词的方法可能还有更多，但在这种情况下，最重要的还是要有好的心理素质。所以，我们平时要多注意锻炼自己，在锻炼中培养沉着稳定的心理素质和随机应变的能力。

事实上，演讲过程中忘词，是一种非常普遍的现象。你如果留心观察，就会发现，在工作中的每一次会议上其实经常会出现忘词。而且在一些大型的晚会上，尤其是一些现场直播的晚会，主持人还有节目的表演者，他们也经常会忘词。但无论如何，我们都要稳定自己的情绪，并在最短时间内找到衔接的方法，这样才能在轻松的氛围中继续演讲。

第7章

打开心理闸门，如何一开口就迅速点燃听众热情

我们都知道，任何演讲，都要以一定的话术开场，然而，万事开头难，演讲中的开场也是如此。如果开场白毫无新意，那么即使内容丰富、道理深刻，也无法有效地吸引听众，就很可能会出现听众昏昏欲睡的场面。而如果我们能在开场中抓住听众的注意力，引发他们听的兴趣和积极性，那么，演讲也就成功了一半。那么，具体来说，我们该如何开场呢？对此，我们不妨从TED演讲中学习其经验。

笑容，是你的最佳名片

法国作家雨果有句名言：微笑就是阳光，它能消除人们脸上的冬色。微笑能给听众留下美好、宽厚、平和等好印象，能缩短你和听众的距离。拿破仑·希尔也曾这样说："真诚的微笑，其效用如同神奇的按钮，能立即接通他人友善的感情，因为它在告诉对方：我喜欢你，我愿意做你的朋友。同时也在说：我认为你也会喜欢我的。" 的确，当我们对他人微笑时，传递的是友好、渴望沟通的信息，那对方自然能感受到你的暗示，会同样以微笑来回答你。

很多成功者指出，微笑是与人交流的最好方式，也是个人礼仪的最佳体现。

在线医疗平台Health Tap公司的创始人和首席执行官朗·古特曼曾在TED上发表过一篇名为《微笑隐藏的力量》的演讲。

演讲中，他说："我偶然发现了奥巴马的照片，当我第一次看到他的照片时，我认为这些超能力来自他的超大衣领，但现在我知道这全来自他的笑容。"

他认为，微笑不但是天赋人类的精神力量，有着愉悦心情、健康身体、延年益寿的功效，还是留下好的印象的不二法宝之一，可谓百利而无一害。

因此，在演讲的过程中，你若希望给听众留下一个好印象，就一定要学会露出受人欢迎的微笑。因为在这个世界上，没有什么东西能比一个灿烂的微笑更能提升你的个人魅力，更能打动人心的了。

其实，我们不妨想象一下，当你登上高高的讲台，本身就与听者形成了一定的距离，而此时，如果再以一副高姿态演讲、板着脸孔，一副拒人于千里之外的神情，这种情况下，哪怕你的演讲很不错，你也很难赢得听众的喜爱。

要知道，谁都愿看着一个笑脸。演讲之前，我们不妨先酝酿一下感情，然后对听众报以友好真诚的一笑。实践证明，这是一个简单有效的技巧。

可能你会产生疑问，天生木讷的人，该怎样学会微笑呢？而且，人是复杂的情感动物，或多或少都会受自己情绪的左右。对此，我们不妨从以下几个方面努力：

1.在生活中练习培养微笑的习惯

心理学家告诉我们，外部的体验越深刻，内心的感受越丰富。也就是说，有了外部的"笑容"，也就有了内心的"欣喜"。每天晚上对镜中的"你"笑上几分钟，然后含笑而眠；早上起来，心中默念"嘴角翘，笑笑笑"，你会发现，因为有了笑容，也就有了好心情。

原一平是日本著名的推销员，在他的成功的推销生涯中，微笑起到了不可代替的作用。为了练习微笑，进而使自己的微笑看起来更自然，他经常这样做：他假设各种场合与心理，自己面对着镜子，练习各种微笑。因为笑容只有从心出发，然后贯穿全身，才能感染他人，所以他就买来一个全身镜，一闲下来，他就对着镜子练习。根据多次的练习，他发现嘴唇的闭与合，眉毛的上扬与下垂，皱纹的伸与缩，种种表情的"笑"都表达出不同的含意，甚至双手的起落与两腿的进退，都会影响"笑"的效果。

西方也有一位心理学家做过微笑训练的实验，要求受试者每天坚持对人微笑，实验结果令人吃惊。一个月后，有人感激地说："我原本不爱笑，但从实验开始我每天坚持微笑，我在家庭和工作中得到的快乐，比过去一年中得到的还多。现在我已养成微笑的习惯，而且我发现每个人都对我微笑，以前对我冷若冰霜的人现在也变得热情起来……"

2.摆正心态，微笑要发自内心

一个友好、真挚、楚楚动人的微笑，必将会散发出无穷的魅力。然而，只有真诚的微笑才能透出宽容、善意、温柔和自信。

现实生活中，有许多人不爱笑。为什么？是因为他们天生不会笑吗？不是！很多时候，是因为他们的自我意识太强。由于这种人自我意识太强，所以他们一紧张就不容易笑出来。即使笑出来也很勉强，脸部肌肉显得非常僵硬，而这种笑比哭还难看。

所以，如果你脸上实在笑不出来，那我就劝你们用眼睛去笑。虽然眼睛里的笑没有脸上的笑容那样好看，但毕竟也是发自内心的，听众也能感受到。你也可以用作家李佩甫的中篇小说《学习微笑》中提到的一个方法,即"在一些场合,在一些不想笑而又必须微笑的场合,你就微笑地把嘴张开,露三分之一牙,是三分之一弱,这样就会带出一些笑意。"

总之,微笑就好比三月里和煦的春光,能融化堆积在人们心灵之间的冰雪,改变听众的心情,制造出演讲中的和谐气氛。演讲中,如果你的脸上始终挂满真挚的微笑,就会让听众被你的善意和热情打动,久而久之,他们也会对你回以微笑。

TED演讲者常用的三种吸引听众注意力的方法

对于致力于学习演讲技巧的人来说,TED演讲一直是他们的标杆。在TED大会上,每个嘉宾的演讲时间是18分钟,而如何让听众在18分钟内理解他们要表达的专业知识,是每一个TED演讲者面临的挑战。经过观察,TED演讲者会用不同的方式去吸引听众的注意力。

从心理学角度上来说,人分三种类型——视觉型,听觉型和感觉型。不同类型的人,接受外界信息的载体是不同的,有的人主要是通过视觉,也就是眼睛看到的事物来判断并获取信息,而有的人则是通过听觉,也就是耳朵来判断,还有的人则通过自己的内在感受来体验和获取信息。因此,面对不同的听众群体,当你学会有针对性地利用这三种呈现方式,会获得很好的效果。

当然，TED演讲吸引人的重要秘诀在于，除了枯燥的演讲内容，大脑会注意有趣的事物。想象一下，除了演讲，你还看到了令人着迷的图像，引人入胜的视频，魅力无穷的道具，听到了抑扬顿挫的声调，此时，你还会觉得演讲了无生趣吗？假如只是枯燥地罗列事实、讲道理，那样是无法满足这三种听众的。细心的你会发现，TED演讲者会经常用这三种方式，这就是他们的演讲会特别容易吸引人的原因。

1.视觉型呈现

有科学实验证明，我们听到的信息，在三天后，能记得的内容只10%。但如果我们在听信息时还附有图片，那么到第三天能记住的内容可达65%。也就是说，一张图片能帮你多记住5倍的信息。

乔布斯就很喜欢将幻灯片运用到演讲中，这样能让演说内容视觉化，有时候，他的图片上只有一个数字或者一句话，但能起到视觉上的冲击力。后来，他的这一方法被很多人效仿，其中就有锤子手机的罗永浩和逻辑思维的罗振宇。

除了用幻灯片展示图片，还有一个重要的视觉技巧，就是道具。这一方法也曾被很多演讲大师推荐。

比如，曾经在TED会上，有个叫阿曼达的摇滚歌手作了一次演讲，她的演讲视频被上传到网上后，仅仅一周的时间，视频点击量就突破了一万次，她就是用一种新颖的道具开场的。

演讲一开始，她就缓缓走上舞台，将一只箱子放到了地板上，然后慢慢站了上去，就这样定格了几秒，才开始演讲：

我不是一直靠音乐吃饭的，实际上，我从一所还不错的大学毕业，五年来，我白天的工作就是扮演一个活体雕塑。

有一天，我的全身被涂成了白色，雇主让我站在一个白色的盒子上，旁边放着一个可以放钱的盒子或者帽子。如果路过的人向里面投钱，我就会先给他一枝花，然后热情洋溢地看着他们，而如果他们没有收下花，我会表现得很沮丧，目送他们走远。

在阿曼达演讲的前三分钟，她一直站在箱子上。她在回忆那段经历时，听众也沉浸其中，也能感受到她曾经作为街头艺人的辛酸。就是这样一个独特的道具，让她的演讲显得与众不同。

瑞典的视觉大师汉斯在他的TED演讲中，为了展示发达国家和不发达国家的人口区别，他特意在演讲台上放了一个桌子，然后掏出一些大塑料箱子放在桌上，叠起来高低不同的两堆。矮的一堆，代表发达国家的人口数量，高的一堆，代表不发达国家的人口数量。这样就很直观地展现了二者的区别，比抽象的数字形象多了。

所以，你在作演讲的时候，特别是在解释一些抽象复杂的事物时，也可以用图片或者一个道具来给视觉型听众一个眼前一亮的感觉。

2.听觉型呈现

除了展示图片和道具，我们还可以用语言技巧去引发听众的听觉，在他们的大脑中建立一个画面。

在2009年的TED大会上，演讲者陈珍分享了一个产品，这是一个可以挽救无数早产儿生命的早产保育器。

她的演讲是这样开场的：请大家闭上眼睛，伸出双手，我们来想象一下你的手上可以放些什么，一个苹果，还是一个钱包，如果放一个小生命呢？

在这个演讲里，陈珍引导听众进行想象，让听众在脑中开始构建一幅双手捧婴儿的画面。

我们作任何的演讲，都可以用想象去把枯燥的信息转化成生动的画面。如果要作一个关于恐惧症的演讲，那么在一开场，你可以这样去引发听众对演讲恐惧的想象：想象一下，你被邀请去作一个演讲，当你到了现场，发现是一个巨大的舞台，而底下居然密密麻麻地坐了有五百多人，这里面有专家、学者、企业的CEO。而你上台后，你发现所有的听众都在专注地看着你，这时候，你的感觉如何？是否对演讲恐惧的画面感更加清晰了。所以，用想象这个词去让听觉型的人在大脑产生画面。

3.感受型呈现

这种方法可以运用到感受型听众。相对于前面我们分析的两种听众，他们更喜欢体验，"感受"这个词对他们来说很敏感。

斯坦福大学儿童医院的负责人艾略特在TED作了一个关于疼痛的演讲，一开场，艾略特先用感受的方式让听众知道患上疼痛会有什么感受。他是这样说的：

想象一下，如果我用这根羽毛轻轻触摸你的胳膊（在说完后，他就真的拿着一根羽毛轻轻地在自己的左胳膊上抚摸了几下）。现在，再想象一下，如果我把羽毛换成这个，你会有什么感觉？（他打开了一个灼热的喷灯，将胳膊靠了过去，此时，台下的观众都尴尬地笑了，因为大家都知道这是什么感觉。）

艾略特接着问大家：这和慢性疼痛有什么关联？如果我用这根羽毛轻抚你，结果你却有炽热感，想想看你的生活会是什么样？这就是慢性疼痛患者的感受。再想想更糟糕的情况，我用这根羽毛轻抚你孩子的胳膊，但他们却感觉我用的是这个灼热的喷灯。

艾略特用羽毛触摸胳膊的方法，让感受型听众体会到了疼痛患者的感觉，这就是演讲中应用感受的功能。我们在进行产品介绍的时候，就可以考虑用感受的方式去让听众现场体会产品的魅力。

比如，在苹果笔记本Macbook air新产品首次发布会上，乔布斯在大屏幕上打出一个大大的黄色信封的画面，然后在听众的期待下，他从讲台底下拿出一个真的信封，慢慢地从里面掏出了超薄的苹果笔记本，然后用双手托着电脑，从侧面展示它的轻薄。

这个从信封里缓缓掏出笔记本的动作，其实就能调动听众的感受。我们如果要介绍产品，也可以借鉴这一方法，比如，一瓶矿泉水的介绍，可以借由喝水的动作和喝完水后身体很放松舒适的感受来引发感受型听众的体验。又如，如果要介绍一把剃须刀，你可以做出刮胡须的动作以及刮完胡须后整个人精神焕发的状态来引发感受型听众的体验。

以上就是TED演讲中比较常见的三种技巧。因此，我们在准备演讲前，也可以考虑运用这三种方式，在演讲的时候可以去问自己：我的演讲如何引发听众的视觉、听觉和感受。这样，就可以牢牢地吸引住你的听众。

幽默开场，别开生面

一般来说，演讲都是比较正式的，但是，作为演讲者，并不能因此就端起架子，板起面孔，一本正经地进行演说。实际上，营造幽默轻松的气氛是使演讲易于为人接受的一种高明的方法。

我们都知道，任何演讲，都必须以一定的话术开场。因此，演讲的开场很重要，它可以奠定整个演讲过程的基调。幽默的开场白是演讲者明智的选择，因为这不仅能使台下的听众眼前一亮，而且人在轻松的氛围里能有效地思考问题，从而使自己的演讲抓住人们的心。

毕业于哈佛大学、著名博客网站Wait But Why的写手蒂姆·厄本曾在TED大会上发表了极具幽默，引起现场热烈反响的一篇演讲。在演讲开始时，他展示了两张他为演讲绘制的漫画，两张漫画上都有两个人，手持方向盘，第一张是非拖延症患者的大脑，第二张是拖延症患者的大脑。

两张漫画有一点不同，即两个大脑都有一个理性决策人。但在拖延症患者的大脑里，还有一只及时行乐的猴子。

那这对于拖延症患者来说意味着什么呢？这意味着平时

第7章 打开心理闸门,如何一开口就迅速点燃听众热情

没什么异样,但一旦发生了以下的情况,理性的决策人就会作出理性的决策,要去做一些实际的工作,但猴子不喜欢这个计划,所以他抢过方向盘,说道:"说实话,我们还是去维基百科上查一查相关的丑闻吧。"

这只及时行乐的猴子,并非你希望的控制方向的人,它完全生活在当下,没有过去的记忆,也没有未来的概念。它只关注两件事情:简单和开心。

这里,蒂姆·厄本运用幽默的方法将拖延症讲得那么浅显幽默,让人深刻理解,并难以忘记。

可见,幽默的开场白从一个侧面展现了演讲者的智慧和才华,体现了他对将要进行的演讲充满了信心与期待,所以听众会逐渐为演讲者的个人魅力所吸引,过渡到为演讲本身所吸引。可见,幽默的开场白对于演讲的开展是至关重要的。

有一位能说会道的小伙子在自己的婚礼说了一番充满了幽默和温情的开场白。

"尊敬的各位来宾,大家好!谢谢你们能在百忙中来参加我的婚礼,大家看得出来,今天的我特别开心,也很激动,因为我终于结婚了。现在,我只能说,千言万语也不能表达我现在的心情,但我知道,无论如何,我必须对所有人说'感谢'。

"首先,我要感谢所有的亲朋好友。谢谢你们愿意在这个美好的周末,特意前来为我和她的爱情做一个重要的见证。

"其次,我要感谢我妻子的父母。我想对您二老说,谢谢您老的信任,谢谢您老能把呵护了二十几年的掌上明珠交给

我,我保证,我会让这颗明珠一直灿烂夺目的。

"最后,我要感谢我身边的这位在我看来是世界上最漂亮的女人。昨天晚上,我查了一夜的资料,网上说现在世界上男性人口是29亿8千万,我竟然有幸地得到了这29亿8千万分之一的机会成为你的丈夫,所以我想说,谢谢你。但是此时此刻,我的心里却有一丝深深的愧疚,在认识你之前和认识你之后,我还一直深深地爱着另一个女人,就算你我的婚姻也无法阻挡我日夜对她的思念,那个女人也来到了婚礼现场。亲爱的,她就是我的妈妈。妈,谢谢您,谢谢您把我带到了这个世界,让我学知识,教我学做人,让我体会到世界上最无私的爱,给了我世界上最温暖的家。我想说,妈,您辛苦了。此时此刻,我很幸福,因为我遇到了这两位最善良美丽的女人。"小伙说完,现场响起了热烈的掌声。

这个小伙子的一段开场白实在令人拍案叫绝,这里,他所感谢的对象可谓一个都不少,有他妻子的父母、他的妻子、他的父母以及所有的来宾,令在场的人都为之动容。

的确,就演说者来说,如果他一开始讲话就很严肃,那么接下去的演讲就很难活跃起来。而演说者与听众的关系一旦再开始就是疏远的,以后便不好拉近。所以,开场时幽默一下是有好处的,它可以使演讲者和听众都处于轻松的状态,缩短双方的距离。而且,在演讲的正文开始以前,有充分的自由逗乐,有各种各样逗乐的题材和方式。

那么,具体来说,演说者如何在开场白中运用幽默的素材呢?

1.自我调侃

美国有一位黑人先生约翰·罗克在面对白人听众作关于种族的演说时,他的第一句话是:

"女士们、先生们,我来到这里,与其说是发表讲话,还不如说是给这一场合增添一点儿'颜色'。"

这是一个自嘲式的开场白,意思是他的出现使全场皮肤的颜色在白色之外添了黑色。听众大笑起来,这一笑就冲淡甚至消除了由于种族差异而造成的心理障碍,使种族这一敏感和沉重的话题变得轻松起来,有利于他为自己的观点争取更多的支持者。

2.以"掌声"为幽默素材

1935年,高尔基参加会议时,代表们要求他讲话。他上台后,与会者长时间鼓掌。掌声停息,高尔基灵机一动,微笑着说:"如果把花在鼓掌上面的全部时间计算起来,时间浪费得太多了。"

全场报以会心的微笑,大家都很钦佩高尔基的谦虚和机智。

大文豪高尔基的幽默开场别具一格,富有才气。

总之,你如果一开始就想要抓住听众的心,就要引出你的幽默力量。在演讲的时候,你要如行家一样把你的幽默力量运用自如,把幽默力量真实而自然地表现出来,将其作为你演讲的重要部分。

以故事开场，激发听众兴趣

很多人明白，文章开头最难写。同样的道理，演讲的开场白也最不易把握。一个有演讲经验和演讲学识的演讲家，通常都非常重视演讲开头的设计。演讲开头成败的关键在于能否吸引并集中听众的注意力。因此，我们可以以故事开场，以此吸引听众的注意力，激发听众的兴趣。

曾在TED大会上以《谈成功的8个秘诀》为题进行的6分钟快讲，其开场就用的"个人的小故事"：

"这原本是为高中生准备的两小时演讲，现在精简成3分钟。一切都得从我搭机来参加TED那天说起。那是7年前的事，在机上，我隔壁坐了一个高中生，她家很穷，不过她希望这辈子能有所成就，所以就问了我一个简单的问题：怎样才能成功？我感觉好糟糕，因为我说不出个好答案。最后，我下了飞机，到了TED会场。突然想到，老天，这个地方满是成功的人！为什么不问问他们成功的秘诀，然后再告诉孩子们呢？经过7年500次访谈后，我将告诉大家真正的成功之道，并以成功的TED讲者为例子。"

可见，用形象性的语言讲述一个故事作为开场白会引起听众的莫大兴趣。可供使用的故事一般有两类：幽默的故事和一般的故事。具体来说，我们可以这样操作：

1.一般的故事

这一类故事，可以是现实生活中的轶事趣闻，也可以是中外历史上有影响的事件。无论使用哪一类故事，都应注意和自己的谈话内容相衔接。

1962年，82岁高龄的麦克阿瑟回到母校——西点军校。里边的每一种东西，都令他眷恋不已，浮想联翩，仿佛又回到了青春时光。在授勋仪式上，他即席发表演讲，他这样开的头："今天早上，我走出旅馆的时候，看门人问道：'将军，你上哪儿去？'一听说我到西点时，他说：'那可是个不错的地方，您以前去过吗？'"这个故事情节极为简单，叙述也很平淡，朴实无华，但饱含的感情却是深沉的、丰富的。既说明了西点军校在人们心中非同寻常的地位，从而唤起听众强烈的自豪感，也表达了麦克阿瑟对母校的那种深深的眷恋之情。

接着，麦克阿瑟不露痕迹地过渡到"责任—荣誉—国家"这个主题上来，水到渠成，自然妥帖。

2.幽默的故事

心理学家凯瑟琳曾说："你如果能使一个人对你有好感，那么，也就可能使你周围的每一个人，甚至是全世界的人，都对你有好感。只要你不是到处和人握手，而是以你的友善、机智、风趣去传播你的信息，那么空间距离就会消失。"

幽默能一下子拉近人与人之间的感情距离。但演讲中使用幽默的故事一定要注意，讲话者需有幽默的技巧，切不可平淡、呆板。

美国亚利桑那州有个叫老森姆的人。他在讲台上度过了40年生涯，一直有办法从头至尾使会议厅"满座"。他全凭幽默的力量，凭着戏剧性效果，一张口就给人以生动、逼真、有趣的感觉，听众全被他吸引住了。下面就是有关他的例子：

老森姆说:"对不起,刚才我冒充来宾坐在观众席上。"他做了个手势,"这儿的司仪不知何故突然挑上了我,要我代替今天的主讲人,因为主讲人迟到了。"他耸耸肩,表示无可奈何。"我又惊又慌又怕。我尽力使司仪相信我不知如何是好,我对他说我是结巴,说我一开口讲话,就会变得语无伦次,气也喘不上来。"

他真的在某个词上打了结,好容易才摆脱掉,继续说:"诸位也是又惊又慌,现在的情况很不安定。也许你们在为我感到难过,并且愤愤不平,说司仪不该把我推入绝境。"他最后叹一口气,说:"好吧,也只有这样了,请听众们帮我一把,帮我渡过这个难关吧!"

老森姆是个幽默的人,他调动现场气氛的方法就是开了一下自己的玩笑,从而给听众一个亲切的、可笑的形象。

演讲开头是演讲者向听众出示的第一个同时也是最重要的信号,我们若能以故事开场,便能抓住听众的注意力,引发他们听的兴趣和积极性。

先提出问题再回答,以此吊足听众胃口

相信任何一个参加过演讲的人都明白,平铺直叙的演讲语言、正正经经地演讲,只会让听众觉得生硬突兀,甚至难以接受。而我们如果能在说话时故意卖关子,那么,就能抓住听众的注意力。卖关子的方法有很多,其中就有设问法。所谓设问

第7章 打开心理闸门，如何一开口就迅速点燃听众热情

法，就是先提出问题再回答，以此吊足听众胃口。

这一点，有是TED演讲的技巧之一。杰米·奥利弗的《给予孩童食品教育》曾获2010年TED大奖，他在演讲开场3分钟之内，就运用"惊人之语"和"问问题"的技巧，成功吸引观众的注意力。其演讲内容是这样的：

"十分不幸，我要告诉大家，就在我接下来演说的18分钟内，在美国，将有4个人因为饮食不当而毙命。我的名字是杰米·奥利弗，我是个厨师，我没有昂贵的设备或药品，不过我希望通过这次演说告诉自己，食物是重要的健康环节。现在，麻烦在座的各位举个手让我知道，现场有多少人是为人父母？也包括叔叔、阿姨们。好的，看来大部分人都是呀，在过去，4位成年人赋予了我们的孩子一个命运，那就是寿命减短，比父母的寿命还短，你孩子的寿命会比你短10年。"

这里，杰米·奥利弗用了个设问以及令父母震惊的事实开头，引起在座的听众们的警醒和注意。的确，我们进行演讲，本就是为了让所陈述的观点深入人心，引发共鸣，以达到震慑人心的作用。

设问就是明知故问，自问自答。正确地运用设问，能引人注意，启发思考；有助于层次分明，结构紧凑；可以更好地阐述人物的思想活动；突出某些内容，使语言起波澜，有变化。

一位刑警队长向群众报告破获盗匪的经过，他开始就说："盗匪们真的都有组织吗？是的，他们大都是有组织的，但是他们是怎样组织的呢……"

这位刑警队长所用的开场白，就是先告诉听众一个事

实,引起听众的好奇心,使听众有兴趣听下去,希望听一听盗匪组织的真实内幕。

我们再来看下面一个演讲故事:

一个科学会议的主持人对现场在座的科学家们说:"上级领导同意这次我们提出的方案,并赠给大家十六个字:严肃认真,周到细致,稳妥可靠,万无一失。"

在主持人说完这一番话后,在场的科学家们一下子严肃起来,瞬间觉得压力很大,有的人还深深地吸了一口气。

观察能力强的主持人怎么会不知道科学家们的心思呢,随之,他解释道:"什么叫作'万无一失'?就是把想到的、发现的问题都解决掉,就叫万无一失。没有发现的、解决不了的,是吃一堑,长一智的问题。扛枪还有卡壳的时候呢,别说这个小问题了。放心吧,只要大家认真做了,出了什么问题,由领导负责,由我负责!"

主持人的一席话,完全解除了科学家们思想上的沉重包袱。

在主持人一番话中,我们发现,有以下几点值得推敲:首先,一开始,主持人就切中要害,抓住科学家们担心的问题,也就是"万无一失"。接着,他由此设问,以问题引路,自问自答,引出一段解释,从而消除了听者的疑问。

可见,善于设问,往往能够切中要害,更有效地解决问题,从而收到设想的效果。

设问,是一种常见的修辞手法,常用于强调。为了强调某部分内容,故意先提出问题。所以,每一个预备当众演说的人，都应该学习如何运用设问的修辞来增强语言的效果。具体来说，在演讲中，你可以这样做：

1.运用设问这一具有启发性的语言艺术

设问是无疑而问，演讲者自问而自答。设问后，可以自问自答，也可只问不答。将这一方法巧妙运用，能引发听众注意、带动他们思考，把谈话内容变得更加吸引人。

设问是一种启发性的语言艺术，它可以让听众产生悬念，引起听众的求知欲。

2.设问要巧妙

你所问的问题要巧妙，要顺理成章，做好铺垫，引人入胜，最后一语道破玄机，否则就有故弄玄虚之感。这就好像相声里的"设包袱"，用跌宕起伏的情节，深深地吸引住他人，最后再"抖包袱"，起到画龙点睛的作用，让人感觉到强烈的语言效果。

3.适当留白，吊足听众的胃口

往往有时候，别人对你说了上半句话，就想知道下半句。但是你突然停住不说了，那么对方就有很强的好奇心，想知道后半句到底是什么，这就是一种好奇心。我们在表达观点的时候，也可以留一部分，给对方制造一种想要了解的好奇心。当这种好奇心在对方的心里不断地翻涌时，对方就会产生主动了解的欲望，此时你再适时表明，对方一定会揪住你的话。

当然，最重要的是，在运用这一修辞手法说话时，我们要把握整个谈话的进程，恰到好处地把握时间的长短，才能给人留下难忘、美好的印象。

第8章

言之有物，像TED演讲那样深入人心地表达

我们都知道，演讲是语言的艺术，而语言是表达思想感情的有效形式。我们所说的TED演讲者们都是真正深谙这种艺术精髓的人，他们在向听众传达观点的时候，不会照本宣科，更不会压制别人的思维，而是懂得通过有血有肉的语言将自己的感情传达出来，让别人对他充满欣赏之情。而要做到这一点，我们就要像TED演讲大师们那样，在日常生活中不断训练自己的表达能力，只有这样，才能在演讲时言之有物，打动听众！

平时注重积累，演说时才能旁征博引

任何一个演说者都希望自己能在演讲中口绽莲花。然而，讲话素材从哪里来呢？这就需要我们在平时多储备"粮草"，否则，未经准备就出现在听众面前，难免会惊慌失措，心中发慌。古人说"腹有诗书气自华"，也正是这个道理。没有知识修养的人，无论有着多么高的社会地位，在演讲之中都会留下笑柄。

以TED演讲来说，参加TED大会的人，无不是所在行业内的精英，都具备丰厚的知识基础。尤其是那些演说者，他们要想将自己的观点和思想"装进"只有几分钟或十几分钟的演讲中，且完美地呈现出来，更要求知识储备丰富，且要做足大量的准备工作。

同样，演讲中，腹中空空的人，是无法在演讲台上侃侃而谈的。对此，我们不妨来看看下面的故事：

民国时期的韩复榘出身旧军阀，是一个胸无点墨的人，在担任山东省政府主席期间，留下了许多笑话。

一次，在齐鲁大学的校庆典礼上，他被邀请去进行一番演讲，但他的一番讲话，让全校师生大笑不已。

他这样说道："大学生、二学生、三学生们：今天是什么

第8章 言之有物，像TED演讲那样深入人心地表达

天气？今天是演讲的天气。开会的人来齐了没有？没来的请举手！很好，都到齐了，你们来得很茂盛，敝人也实在感冒……今天兄弟召集大家，来训一训，兄弟有说得不对的地方，大家应互相谅解，因为兄弟和大家比不了。你们是文化人，你们这些乌合之众，是学科学的、学化学的，都懂七、八国的语言，兄弟我是个大老粗，连中国的英文也不懂……你们是从笔筒里钻出来，今天到这里来讲话，真使我蓬荜生辉，感恩戴德。对你们讲话是没有资格的，就像是对牛弹琴。"

台下的学生们听了笑得前俯后仰，但他好像视而不见，继续自己的演说："今天，我主要是讲蒋委员长的三个纲目，蒋委员长在提倡新生活运动，兄弟我自然是要举双手赞成的，但是有一点我不明白'行人靠右边走，那么，留着左边的路给谁走呀？还有一件事，让兄弟感到很气愤，北平东交民巷有很多洋鬼子的大使馆，却偏偏没有我们中国的，在中国的地方竟然没有中国的大使馆，岂不是表明我们中国太软弱了吗？因此，我就向蒋委员长建议建一座中国的大使馆出来。"

接下来又提到了齐鲁大学的办学条件。他说："咱们这些大学生的生活实在是太苦了，条件也简单了点儿，我经常见十几个人在大热天穿着裤衩抢一个篮球，实在是太不雅观了。我们虽然穷，但是几个球还是有的，明天就让财政厅给你们送一笔钱来，多买几个球，一人一个岂不更好，免得为了争一个球而伤了大家的和气！"

等到韩复榘讲话完毕，前呼后拥退出主席台后，全校学生终于忍不住开怀大笑起来，尽情地嘲笑这个不学无术的家伙。

韩复榘本来想通过这场讲话来塑造一个亲民的形象，也想向学生表现一下自己的学识和思想，最终却因为胸无点墨而闹出了大笑话。

因此，我们要想在演讲时有话可说，就要注重平时积累素材，要做到每天为自己"充电"，对于所见所闻要观察思考表面和内在的东西，从而提高思考能力和概括能力，并以此来作为提升自己的一个有效途径。否则，演讲时总会感到空洞而又不着边际，一些道听途说的故事和词语也会用错位置，而别人会皱起眉头，甚至转身离开。

俗话说，十年培养一个富翁，百年的时间才能够培养出来一个贵族。要想成为一个演说高手，并不是轻易就能达到目标的，它需要经过个人的不懈努力，需要从平常的一点一滴积累做起。具体怎么做呢？我们不妨从以下几个方面来入手：

1.多学习，提升自己的知识储备量

从很大的程度上来讲，口才是满腹经纶、博古通今等词的另一种称谓。拥有了丰富的知识，在和别人谈话时就不会因为无知而自卑，谈吐间就会很自然地引经据典，旁征博引，所表达的内容也会十分高雅。假如胸无点墨，在陌生人面前也好，老朋友面前也罢，只能闷头静听，那么就会让自己的分量显得很轻，也就无法得到别人的关注。因此，在日常的生活中，要多注意阅读，注重知识的积累，看一些历史、哲学、文学、政治、美学之类的书，提高一下个人的修养，让自己达到"腹有诗书气自华"的境界。当你有了充足的知识储备之后，就会有充分的底气站在别人面前进行较高层次的谈论了。

2.关注生活，提升自己的眼界和阅历

缺乏生活积累和阅历的人，对社会和现实的了解也会十分肤浅。如果生活在封闭的圈子当中，就会孤陋寡闻，与世界隔绝，也会和周围的人以及环境失去联系。一个没有生活积累的人和别人说话的时候，往往会因为所谈话题与社会现实脱节而让人感到枯燥无味，对他也失去了兴趣。

俗话说："厚积薄发。"一个人收缩自如的演说能力绝不仅仅是技巧性的问题，而是在经过了对生活的思考、学习和研究才有的结果。我们要想成为一个会在公共场合演讲的人，不仅要有敏锐的观察能力和思考能力、掌握一定的说话技巧，还要全面提升自身的文化修养。只有有了底蕴，才能够说出一些典雅的话语，正所谓"内有底蕴，才能话语生香"。

语言凝练、字字珠玑

生活中，如果仔细观察就会发现，有的人说话言简意赅，句句说到点子上，能击中问题的要害，很快营造了强大的气场，控制了别人的思想。而有的人尽管表达了很多，但是让人听得云里雾里，不断地打擦边球，根本没有涉及核心问题，被人轻视和不重视。事实上，不是他们的态度上有差异，而是因为他们表达的能力不一样。会表达的人往往能做到语言凝练、字字珠玑、绝不啰唆重复。

事实上，演讲也是如此。演讲时，你只有做到轻重缓慢适

宜，吐字清晰有力，才能使语意分明，声音色彩丰富，语气生动活泼，语言信息中心突出，从而引起听者的注意，引导听者的思路，易于被人理解和接受。

TED大会上，演讲者只有18分钟的演讲时间，更考验了演讲者的语言功底。正因如此，演说者在开口前都会反复练习，力求做到字字珠玑、语言凝练。

有人曾问美国第28任总统伍德罗·威尔逊："准备一份10分钟的讲稿，得花多少时间？"他回答："两个礼拜。""那准备一小时的演讲稿呢？""一个礼拜。""如果准备两小时的讲稿呢？""不用准备，马上就可以讲。"因此，脱稿讲话中，要做到内容上的高度凝练，我们就要认真思考，做足准备。

的确，任何人发表演讲的目的，就是要吸引、说服、鼓动、感召听众。任何一个好的演讲者，都很注重自己的演说语言，会尽量在演说中做到语言凝练、字字珠玑，以传达给听众最实用的信息。而相反，如果为了能让听众接收到更多的演说信息而不顾听众的感受，一味地表达自己的观点，那么，结果只能是事与愿违，让听众产生不耐烦的情绪。

那么，我们该如何凝练演讲语言呢？

1.有的放矢，演说的语言要有中心、有重点

有演讲主题，就有中心和重点，只有说话有重点，才能有的放矢，要清楚什么话该说，什么话不该说。所以，迅速找准谈论的中心是言简意赅的前提和基础。否则，眉毛胡子一把抓，只能惹人厌烦。

2.说话要有选择性,做到表达清晰稳重、不啰唆

语言表达的轻重缓急也是很有讲究的,该让对方听清的地方就要缓一些,不重要的信息就可以一句带过。如果张口结舌或连珠炮似的大讲一通,对方就会感到一种急迫感,从而心生不信任。

要想使说话不啰唆,其实只需挑重点说就行,其他次要的内容,要么不提,要么一言以蔽之。只有这样,才能保证你的发言在最短的时间之内收到最好的效果,否则,即使你滔滔不绝地谈论半天,听者还是不知你发言的目的。

3.少说口头禅

现实生活中,每个人都会有自己常用的口头禅。也许大家没有意识到,这些自己根本没注意到的语言习惯,虽然在日常交际中并不会对我们造成多少危害,但如果将其带到演讲中,则会传达给听众一些负面信息。比如:

(1)"听说、据说、听人说"

这一口头语会让听众觉得你的演说缺乏真实性。试想,谁会真正相信那些道听途说呢?

(2)"说真的、老实说、的确、不骗你"

演讲中,如果有此类口头语,会让听众觉得你说话急躁。

(3)"啊、呀、这个、嗯"

人们常在词汇少,或是思维慢时利用这些词作为间歇的方法,而领导者在演说中,如果常伴有此类口头语,会给人一种反应较迟钝的印象。

(4)"可能是吧、或许是吧、大概是吧"

这些口头语体现的是对自己言谈的极为不确定，也会给听众留下不可信任的印象。

可见，"口头禅"是演说中的大忌。所以，我们应将凝练自己的演讲语言作为培养和锻炼自身的语言组织和表达能力的重要方面，应尽可能地用最清晰、简明的语言传达给听众相关信息。

4.偶尔停顿、适时沉默

任何沟通都是双向的。赢得人心需要一个好口才，但决不可卖弄口才。有些人总希望用出色的口才让听众方产生信任感，但忽略了一点，那就是人们通常会以为那些巧舌如簧、太能说的人是不值得信任的。因而，在演讲中，你需要偶尔停顿，需要适时沉默。

总之，你若希望自己在演讲中的语言有震慑力，就要在日常生活中锻炼自己的说话能力。毕竟，世上无难事，只怕有心人。平日里多注意、多锻炼，那你说话定可以达到言简意赅、字字珠玑，一出口就能击中要害。

恰当的演讲语速，能愉悦听众的耳朵

生活中，人们说话都有轻重快慢之分。一般来说，重要的词语或需要强调的内容说得重些，句子中的辅助成分或平淡的内容说得轻些。而对于演讲来讲，演讲者只有说话语速适宜，吐字清晰有力，才能使语意分明，中心突出，才能引起听者的注意，使听众易于理解和接受自己表达的内容。说话太轻，容易使听者失去兴趣；太重，则容易给听者突兀的感觉。

研究表明，每分钟读出150～160个英文单词是有声书的理想阅读语速，能让大多数听众舒适地听取、吸收和记忆信息。从我给自己的书录制有声资料的经验来看，口述的理想语速应该略低于日常交谈的语速。

有人曾对TED演说者在说话时的语速进行了分析，发现最受欢迎的那些TED演讲者的演讲时间为18分钟，而在18分钟内，他们说出了3400个单词，或趋于这个数值。

比如，肯·罗宾逊在演讲中的单词量为3200个单词，而吉尔·泰勒在TED演讲中的单词量大约为2700个，两人在演说中的语速相差无几。那么，曾被认为是TED演讲舞台上表现最自然的演讲者布莱恩·史蒂文森的语速是多少呢？他的演讲时间与他人不同，他花了21分钟讲述了4000个单词，而他演讲的前18分钟共说了3373个单词。

这里，我们阐述TED演说者所说的单词量和演讲时间，并不是让所有演说者都计算自己的字数，而是让演说者尝试控制自己的语速——用日常交谈的语速作演讲，更能拉近与听众之间的心理距离。

需要注意的是，我们在日常生活中就要关注自己的说话方式。一些人平时说话语速快，但演讲时故意放慢语速，显得很不自然，所以不要刻意寻找演讲的感觉，而要让演讲像日常交谈一样自然。

你如果曾观看布莱恩·史蒂文森的演讲视频，就会发现，他在演讲时就如同和你亲切地交谈。练习演讲时，你可能会在切换幻灯片或是思索下面要讲的内容时放慢语速。当你已经将演讲内容内化于心时，你的语速就能和日常交谈的语速不相上下。

另外，摄影师丽萨·克里斯汀的方法是重读关键词。她是个用照片记录故事的人，在参加TED大会前，她曾花了两年时间走访世界各地，用照片记录了最灭绝人性的罪恶之一——现代奴隶贸易。在TED演讲中，她先用播放幻灯片的方式吸引了听众的注意力。然后在演讲中，她放慢了语速，清晰地说出每一个单词，并且对其中的关键词加重读音。

在整个演讲过程中，克里斯汀对她的演讲主题充满热情。她谈到一次偶然的机会，她结识了一位正在努力根除奴隶制的人，从此开始了解奴隶制。

演说中，她并没有使用太多手势，但是，她闭上双眼说道："我与他的谈话结束后，我感到十分羞愧，对于这些残酷的事实，我竟然从前根本不了解。我想，还有多少人也和我一样对此毫不知情呢？这让我坐立难安。"

从这些出色的TED演讲者身上，我们看到了控制语速对于提升演说效果的重要性。

那么，我们如何控制说话语速呢？

要达到这一效果，演讲者需要从语速、节奏、吐字三个方面努力：

1.语速

说话的速度也是演讲的要素。为了营造沉着的气氛，说话稍微慢点儿是很重要的。标准大致为5分钟三张左右的A4原稿。不过，此处要注意的是，倘若从头至尾一直以相同的速度来进行，听众会昏昏欲睡的。

演讲的速率一般可分为快速、中速、慢速三种：

（1）快速用于叙述事情的急剧变化、质问、斥责、雄辩表态；刻画急促、紧张、激动、惊惧、愤恨、欢畅、兴奋的状态。

（2）中速用于一般性说明和叙述感情变化不大、感情平静的场合。

（3）慢速用于抒情、议论，或者叙述平静、庄重的事。

演讲时运用恰当的语速说话，是控制语调的主要技巧。在需要快说时，语速流畅，不急促，使人听得明白；在需要慢说时，不能拖沓，要声声入耳。语速徐疾、快慢有节，才能使言语富于节奏感，并且增强语言的感染力。听者处在良好的倾听环境里，才能不疲劳。

科学的发音取决于科学的运气，有些演讲者时间稍长点儿就底气不足，出现口干舌燥、声音嘶哑的现象，此时，只得把气量集中到喉头，使声带受压，变成喉音。

2.培养恰如其分的节奏

除了语速，演讲的节奏也是关系成败的一个重要因素。人们在说话、朗读和演讲中，速度的快与慢、情绪的张与弛、语调的起与伏、音量的轻与重等，变化对比，就形成了节奏。节奏在口语中起着重要作用。

节奏不是外加的东西，它取决于说话的内容和交谈双方的语境，靠起伏的思绪遣词造句，靠波动的情感不断延伸。

节奏主要表现人的心理的运动变化，不同的口语节奏具有不同的形象内涵和不同的感情色彩。适当的节奏，有助于表情达意，使口语富于韵律的美感，加强刺激的强度。

在演讲中，常见的节奏有持重型、轻快型、急促型、平缓型、低抑型等。

此外，演讲中也有标点符号，适当的停顿不仅会显得张弛有度，还能给听众提供一个理解回味的时间，集中他们的注意力。而且，掌握节奏的快慢，有助于控制演讲的时间，同时也是传递感情的一种方式。

3.吐字清晰准确

总之，演讲者应根据说话的内容，该轻则轻，该重则重，当快则快，当慢则慢，并使人感到音节错落有致，舒服畅快。

语言要有感染力，才能打动听众

俗话说，"酒逢知己千杯少，话不投机半句多"。在参与演讲的听众中，免不了有一些形形色色的人，我们总希望能给听众留下十分美好的印象，从而得到听众的认可。面对陌生的听众，我们仅仅靠个人的外貌、举止、服装等外在的东西来表现是远远不够的，最重要的还是要用出众的口才来提升我们的凝聚力，让听众对我们产生欣赏和赞美之情。而要做到这一点，就要求我们演讲的语言一定要有感染力。

第8章　言之有物，像TED演讲那样深入人心地表达

曾参与TED大会的史蒂夫·乔布斯曾说："那些充满激情的人能让世界变得更美好。"他的每场演讲都堪比百老汇的戏剧，它包含了高水平叙述的所有经典要素：基本设置和惊喜，英雄和恶棍。

如今，很多企业领导者在模仿"史蒂夫·乔布斯式"的演讲，包括他主题演讲的极简设计。但乔布斯讲故事的秘诀并不在PPT里，而在他的心中——用科技改变世界的激情。

他告诉我们，所有成功的创业者都具有一个品质，那就是激情。问自己，是什么让你的心灵歌唱？成功的秘诀就是找到你非常爱做的事情，那样你等不到太阳升起，就想再重新做一遍。

演讲何尝不是如此，没有情感的演讲，也不可能真正打动听众。不过，可能很多演讲者认为，演讲就是要树立自己的专业和权威形象，才能让听众信服。其实，演讲大师认为，只有带动听众真情实感的演讲，才是成功的演讲。因此，培养语言的感染力、让演讲在轻松、和谐的氛围中进行，才有利于我们达到演讲目的。

美国南北战争结束后，有一个叫约翰·爱伦的普通人和南北战争中的著名英雄陶克将军竞选国会议员。陶克在竞选演讲即将结束时，还说了几句充满感情色彩的话：

"诸位同胞们，记得17年前(南北战争时)的今天，我曾带兵在一座山上与敌人激战，经过激烈的血战后，我在山上的树丛里睡了一个晚上。如果大家没有忘记那次艰苦卓绝的战斗，请在选举中，也不要忘记那吃尽苦头、风餐露宿造就伟大战功

的人。"

这话应该说是很精彩的，许多听众认为爱伦定输无疑了。然而，爱伦不慌不忙地说了几句很轻松的话，便扳回了败局。他是这样说的：

"同胞们，陶克将军说得不错，他确实在那次战争中立下奇功。我当时是他手下的一个无名小卒，替他出生入死，冲锋陷阵。这还不算，当他在树丛中安睡时，我还携带了武器，站在荒野上，饱尝寒风冷露的滋味儿，来保护他。"

这话比陶克说得更高明了。因为听众中许多人是南北战争时的普通士兵，所以，爱伦的话更容易激起这些人的共鸣。于是，爱伦击败了陶克，胜利地跨进了国会大厅。

为什么爱伦的话引起了听众的共鸣？为什么爱伦能击败陶克？因为爱伦拥有和这些听众同样的经历，因此，当他将这些事实拿出来与听众共同分享的时候，就显得更有信服力，更容易打动听众。

那么，我们该怎样说才能打动听众呢？

1.选择让你愿意倾注热情的主题

我们都希望自己演讲的话题能调动听众的兴趣，但并不是只要我们愿意去谈，就一定能让听众感兴趣。比如，你如果是主张自己动手的人，你自己也是这么做的，那么，你可以向听众谈谈洗盘子。假如你一点儿也不愿意这样做，你能确定自己一定能把这个话题说好吗？但是，我们可以确定的是，任何家庭的女主人，能将这一话题说得很精彩，因为她们对这一问题深有感触——她们每天有洗不完的盘子，总希望能找到新的方法来代替自己去做这个工作，她们也可能很恼火为什么每天要重复做这件事，但无论怎样，她们对这一题材绝对更有发言权，也更来劲儿，所以，她们可以就洗盘子的题目说得头头是道。

2.让你的声音展现生命力

不得不说，随着年龄的增长，不少人都失去了年幼时的纯真和自然，与人说话、沟通也都陷入模式化之中，变得没有生气。但你如果希望成为一名好的演说者，就要学会吸收新的词汇，或者吸收新的表达形式。只有让自己的声音充满生命力，才能吸引听众的注意力，激发听众的兴趣。

3.多说亲切的话

如果你说的话净是一些枯燥无味的大道理，或者满脑子"阳春白雪"的思想，或者经常说一些文绉绉的话，就会让听众觉得你过于喜欢伪装，从而在内心里就疏远了你。

相反，如果在和听众寒暄的时候，能多说一些"路上没有堵车吧？""最近还好吧？"之类的话，那么，对方会觉得你把他当成了朋友，也自然会对你产生亲近感。

4.热情诚恳地说话

美丽的语言是需要一定的感情做基础的，如果失去了热情和诚恳的铺垫，任何美妙的语言在别人听来都会如同嚼蜡，毫无滋味可言。我们不妨试想一下，当一个人板着面孔说些"你今天穿的衣服颜色挺漂亮"的时候，将会是一种什么样的情形？

同样，演讲中，对听众说话，我们也一定要传达出自己的真诚和诚恳，这样听众就会觉得你是一个十分重视感情的人，对你的印象自然而然的也就加深了。

5.说话勿以自我为中心

在和听众交流的时候，我们一定要认识到听众的存在，讲出来的话要让听众有兴趣听下去，这样才能起到有效的演讲效果。

事实上，一些人在演说的过程中，总会滔滔不绝地向听众讲述自己的性格爱好、人生历程之类的话题，有耐心的听者还能保持一种必要的礼貌去做倾听的姿势，没有耐心的人说不定早就转身走了。因此，假如你说话太以自我为中心，就会给听众留下一个轻浮、自大、自私的形象，让听众失去继续听下去的愿望。

一个真正善于演讲的人能因境制宜，制造出良好的气氛，在带给人们乐趣的同时，还能使听众发自内心地微笑。

多做预讲，勤做练习

对于演讲这类在公共场合讲话的方式，要想把话说得自然，就要多练习，而且要不止一次地练习。不得不说，一些人只是在去演讲的路上才草草地将讲话的主题思考一遍，他们不会显得自然，只会显得毫无准备。

著名表演艺术家和音乐家帕尔默曾说过："试着重复做一件事，不是为了有朝一日能驾轻就熟，而是要让它融入你的灵魂。"2013年，帕尔默在TED上发表了名为《请求的艺术》

第8章 言之有物,像TED演讲那样深入人心地表达

的演讲,且获得了巨大的成功。该演讲视频在TED网站上发布后,几天内就获得了百万点击量。一周后,她在博客中写了一篇感谢帮助她获得演说成功的幕后人员的长文。的确,一场成功的演讲离不开团队的共同努力和用心的准备,才能真正打动听众。

也许你认为,对于学表演的人来说,进行一个十几分钟的演讲实在是太简单了。事实上,正因为帕尔默是演员,为了做好此次演讲,她足足花了四个月时间准备,不断改进,力求做到最好。用她的话说就是:"我的时间完全消耗在了这场演讲上。"

光是演说词,她改了很多次,发现有不满意的地方就改,并且,这是限时演说,所以她不断调整内容,只为了把最完美的东西"装进"12分钟的演讲里。

在我们看来,TED演说者们看起来十分自然的演说效果,其实并不是自然获得的。演讲要做到"自然流露",需要大量的准备工作——前所未有地深入挖掘自己的内心,选择最能体现你的想法的措辞,用最具影响力的方式演讲,确保你的非语言表达——你的手势、表情和肢体语言,与你的语言相协调。

曾任微软全球副总裁的李开复先生,在一开始进行演讲的那段时间,他坚持每个月进行两次演讲练习,且要求自己的朋友来听,并给自己提出意见。他告诫自己,不事先排练三次,决不上台演讲。

从这一故事中,我们可以看出预讲对演讲的重要性,可以说,预讲是演讲最重要的准备工作之一。现在,你如果已经完

成了演讲稿，就可以进行预讲了。

依据一般经验，台上演讲一分钟需要你在台下付出一小时的练习时间。所以，我们要训练自己适应在不同的环境和不同的时段练习演讲，同时运用不同的演示技巧。

预讲可以从以下几个方面入手：

1.演讲时身姿挺拔、站立着讲话

在写字台前反反复复地读，与站立着讲话是有千差万别的，因为前者只能算作某种准备，而不是实战演讲。另外，站立着讲话，更能让你获得自信。

2.事先借助稿件来练习

事先借助稿件练习效果更佳。为此，在准备说话前，你可以先准备一盒磁带，然后边讲话边录入，这样便于调整，纠正一些问题，直至满意，再来进行第二步。

3.将演讲大纲熟记于心

即使在准备演讲稿时已经解决了大量问题，你还是不能照本宣科！因为没有什么会比这样更快地让听众睡着了。你应该直接、自然地面对听众，保持与听众眼神的交流。秘诀是准备简单的演讲笔记，字体要醒目，以便在你演讲的过程中快速地扫视。在讲台上放一块手表，这样便于掌控时间，把握速度，调整内容，让你准时地结束演讲。

4.录制你的"练习"过程并不断修正

回放你的录音带，找出重复使用的词，如"啊""呃"等。反复修改演讲内容，直到满意。

5.掌握及控制好时间

在演练时必须计算出演讲所需要的时间，再看看它是否过长或过短。大部分演练的时间都比正式演讲时要慢，一般来说，演讲时间要比演练时间快25%~50%。

6.当着众人的面练习，才有"现场感"

这样做的好处是，减轻你在实际讲话中的紧张感。你可以找几个熟悉的并且有见解的人，让他们对你的演讲给出建设性的意见或批评，而不是赞扬。当然，你需要明确的是，他们明白你演讲的内容吗？你讲的内容有连贯性和逻辑性吗？他们认为你讲的速度是快还是慢？然后根据他们的意见来进一步修改讲话的内容。做上述准备你可能觉得很麻烦，但每个成功的演讲人都是这么走过来的。

另外，为了锻炼自己的演讲能力，在日常生活中，你应该努力珍惜每一个能在众人面前说话的机会。那么，如何才能做到这一点呢？

最简单的方法就是，你去加入一个俱乐部，该俱乐部中，有很多的练习当众说话的机会，你可以变得活跃点儿，多去处理一些俱乐部内部的事物。要知道，这些动作都是要四处求人和展现你的说话能力的。

你应该充分记住我们前面谈到的种种建议，并在开始演说前进行二十到三十分钟左右的预讲，尽量让俱乐部的每一个人都知道你准备对他们进行演说。

还有一个能让你更快速获得杰出的表达能力的方法，就是想方设法成为一名兼职的节目主持人，你会有很多的访问优秀人物的机会，并担任向他们介绍的任务。

戴尔·卡耐基在总结成功的演讲经验时说过："一切成功的演讲，都来自充分的准备。"的确，没有准备，就是准备失败。时刻注意收集素材，时刻在生活中练习，时刻准备发言。只有这样，才能确保讲话取得更好的效果。

总之，预讲可以减缓我们的紧张不安，提高讲话效果，帮助我们预控演讲时间，使内容更加精练。

第9章

态势语言,学习TED演讲中"演"的艺术

我们所说的"演讲",不只是要"讲",更要"演"。这里的"演",指的是从非语言的角度练习,比如,修炼打动人心的肢体语言、平易和善的微笑等。事实上,每一个TED演说者都是善于运用态势语言的高手,他们善于在举手投足间为自己的演讲加分。同样,我们也要掌握这些技巧,做到让演说无声胜有声,用无声语言感染听众!

穿着得体，为演讲加分

我们都知道，一个人最先在无声中打动别人的办法是靠自己的形象。好的形象可以给人留下心情愉快的印象，见了第一面，期盼第二面，或者不反感见第二面。而较差的或者不适当的形象则会给别人留下再也不想见的印象。同样，演讲中，我们要想打动听众的心，就要注重自己的形象。而最为重要的是，听众的认可能帮助我们减轻心理压力。

每年的TED大会，前来参加的都是各界的精英，为这些佼佼者演说，需要高度的自信和强大的气场，因此，演讲者自然会十分注重自己的穿戴。

当然，我们说的得体的穿戴，并非千篇一律的西装皮鞋，个性的演说者也可以根据自己的喜好进行选择。

现在，我们来想象一下，一个有刺青、满身大汗的壮汉，戴着一顶牛仔帽，穿着一条皮裤，来到了演讲台上，尽显王者风范，而这个人就是前职业摔跤手麦克·金尼。他认为，"你比自己想象得更强大"——你只要找到自身的特点，然后发扬光大。多年来，金尼发掘自身特质并创造出一个完美的摔跤人物，牛仔"鳄鱼"麦格劳。

在TED大会上，他侃侃而谈，犹如和听众进行了一场有趣睿智的谈话。他将擂台的智慧运用到日常生活中，向我们分享如何更自信地生活以及如何发挥潜能。

事实上，对于很多演说者而言，他们在演说前会注重对自己形象的打造。当然，怎样穿出精气神，是值得我们去细心体会和研究的问题。

事业有成的小王在35岁那年带着妻子到新加坡定居了，他与妻子都是性格随和、好相处的人，很快，他们就与周围的这群外国朋友打成一片。但他们第一次参加朋友们的派对时，就出了一次丑。

那天是圣诞节，他和妻子就孩子的教育问题闹了点儿矛盾，心情很不好。这时，朋友打来了电话，邀请他们参加一个圣诞派对，他与妻子没多想，也没来得及收拾自己，穿着T恤衫、牛仔裤就出发了。结果在踏进朋友家时，就看见在场的人都穿着得体优雅的小礼服，他们俩当时就有一种想找个地方躲起来的冲动。当朋友把这对中国夫妻介绍给自己的朋友时，他们表现出来的这副没精打采的态度，更是让这些朋友很沮丧。

小王夫妻知道自己失礼了，事后还特意打电话给这位朋友道歉。后来，他们专门找到一位形象设计师讨教一番，因为在他们的生活圈子中，少不了要经常参加这样的场合。

随后，他们与家人一同参加同在新加坡定居的侄女的婚礼。回来后，他对这位形象设计师说："婚礼上，我们受到了很好的礼遇，我觉得在很大程度上，是因为我们穿对了一身衣服，让对方很好地感受到我们的真诚、懂礼、有素养的一面，给国外的亲戚、朋友们留下了深刻的印象。"

在这则案例中，小王夫妻给外国朋友的印象有如此巨大的反差，就在于他们赴宴时的不同装扮。第一次，他们夫妻因为吵架、心情不好，就穿了一身随意的衣服，为此，他们失态了。而第二次，在经过形象设计师的一番指导后，他们掌握了如何穿着才显得神采奕奕。正如小王说的："婚礼上，我们受到了很好的礼遇，我觉得在很大程度上，是因为我们穿对了一身衣服，让对方很好地感受到我们的真诚、懂礼、有素养的一面，给国外的亲戚、朋友们留下了深刻的印象。"

可以说，演讲中，得体的穿戴会让你在演讲中自信满满。得体、有品位的服装能给别人良好的第一印象。因为人们对他人的印象很大一部分是视觉上的，这就是"三分钟印象"。如果演讲者不太在意打扮，蓬头垢面，肮脏邋遢，就会让听众产生视觉上的不适感，也就会对他的演讲嗤之以鼻。但如果装束又过于华丽，过于时髦，花哨俗气，过度"美化"自己，也叫人不能接受。那么，什么是得体的演讲穿着呢？

可能很多人认为穿着打扮是一个令人费神的问题，不知道怎样穿着才能穿出品位、穿出神采？其实，要想穿出一身富有精气神的行头，也并非难事。对此，我们不妨从以下几个方面努力：

1.并不需要大费周折

在演讲前，你如果有时间，最好细心打扮一下，但如果没时间去从头到脚换一套盛装，那你在日常生活中就要注意自己的着装，以免手忙脚乱。譬如，西装外套只要是上等的高级质料，则只更换下半身即可，最好穿上能与之搭配的裙子或裤子。

2.注意配饰的作用

有时候，一件小小的饰品都能给我们的服装起到画龙点睛的效果。当然，演讲时的饰品，还是不要过多，以免让听众眼花缭乱。

3.让色彩帮助自己变得熠熠生辉

关于色彩，人们有一些错误观念，比如：

（1）皮肤白的人穿什么都好看。其实，每个人都有自己穿起来好看的颜色，也都有不适合的颜色，与皮肤的黑白没什么关系。

（2）穿黑色显瘦。其实，并非如此，这要看你是属于哪一种色彩类型的人。

（3）艳色是俗气的。色彩本身没有好坏之分，但有选择与搭配的好与坏，不和谐的色彩无论艳或不艳都不美。

（4）只有相近似的颜色搭配在一起才好看。相近或相似仅仅是一种配色方法，其实还有许多配色原则。

（5）黑白是百搭色。黑白是很极端的颜色，想要在衣服上任意搭配出漂亮的效果不容易，不要什么都用黑白去凑合。

（6）对比色的搭配是土气的，比如，红色与绿色的搭配。对比不等于不和谐，如红与绿搭配得好坏，要看它们属于什么调子的红与绿，还要考虑面积对比等因素。

树立以上这些理念并以此为穿衣搭配原则，演讲时，我们就能让自己神采奕奕地出场了。

在演讲场合，很多时候，演说者的心态如何与听众的反应有很大关系。神采奕奕的一身装束，不但能吸引听众眼球，还能减轻我们的心理压力。

个性饰品，点缀出你的自信

在日常生活中，我们总是会佩戴一些饰品。可能有些人会说，演讲场合的氛围多半是严肃的，适合佩戴饰品吗？当然！选择一些抢眼的饰品，不仅可以让自己更"亮眼"，还能增添我们的自信心。

的确，看似不经意的点缀，你独特的气质和品位已经被"点亮"。小饰品可见人的品位，日常生活中的服饰搭配是审美品位和生活质量的聚集点，所以，这些小东西的影响力不容忽视。

当然，TED演讲大师们并不是建议我们要为演讲做过多的服饰上的修饰，比如，纽约时报就曾介绍TED演讲者穿衣之道：不要穿条纹、亮色和珠宝。

然而，首饰对于男人和女人的意义是不同的。对于男人，象征着身份；对于女人则是点缀，具有画龙点睛的作用。因此，佩戴首饰要和身份、气质及服装相协调，彰显独特的审美品位和气质。反之，则会让人感觉到粗俗不堪。

最近，杨老师和丈夫一起参加了一个演讲会。会上，她的丈夫突然对她说："老婆，那位演讲的女士到底是昏（婚）了还是没婚（昏）？"

丈夫的话让她感到很诧异，便看了看演讲台上说话的女

第9章 态势语言，学习TED演讲中"演"的艺术

士。这位女士打扮华丽，手上戴了四个戒指：四个戒指的材质不同、款式不同，看上去眼花缭乱。脖子上有一条白色的珍珠项链，耳朵上两个长长的耳坠是绿松石的……正看着，丈夫对她说："我看她活脱脱就像一棵圣诞树。"此时，杨老师只好告诉他："这只能代表她比较有钱。"

演讲会上，为什么杨老师的丈夫会发出这样的疑问："那位女士到底是昏（婚）了还是没婚（昏）？"因为这名女士戴的首饰种类和样式太多了，尤其是她的戒指。我们都知道，戒指是爱情的信物，按照国际惯例，戒指决不戴在大拇指上，如果戴在食指上，表示想结婚而尚未结婚；如果戒指戴在中指上，表示正处于热恋当中；如果戒指戴在无名指上，表示已经订婚或已经结婚；如果戒指戴在小指上，表示决心过独身生活，终身不嫁或终身不娶。但这位女士却戴了四个戒指，难怪杨老师的丈夫会发出这样的疑问。

的确，演讲中，我们选戴首饰，也是应该遵循一定的规矩的。这里，我们需要了解：

1.佩戴饰品的重要原则是适宜，以能够衬托出你的气质为佳，而不要喧宾夺主

佩戴饰品的重要原则之一是不影响你的身体部位的活动，因此，应当尽量避免选择过于耀眼的闪光饰品，而要选择有品位的、格调高雅而不张扬的饰品，这样才会衬托你的气质。

2.佩戴饰品的种类不宜过多

若同时佩戴多种首饰，一般不超过两种，宴会上一般不超过三种，但是新娘可以例外；

如果同时佩戴两件或两件以上首饰，在色彩上力求同色，千万不要像上述那位女士一样，打扮得像一棵色彩斑斓的"圣诞树"。

如果同时佩戴两件或两件以上首饰，力求质地相同，比如，戴铂金的戒指，可以戴相同质地的铂金项链。高档名贵饰物，尤其是珠宝饰品，多适用于隆重的社交饭局；否则，会让同行的其他赴宴者浮想联翩："就你有钱？"

3.佩戴饰品要精益求精

当然，这里所指的精益求精，并不是说佩戴的饰品价格越高越好，而是说要精致、有韵味，千万不要戴那些地摊上随便买来的饰品，否则会起到相反的效果。

4.佩戴饰品要有自己的独特风格

很难想象，假如你所在的办公室里的每个女人都佩戴着类似的饰品，那么，不仅没有起到装饰的效果，反而显得千篇一律，毫无个性可言。

有时候，即使你佩戴一条自己手工制作的廉价的手链，也比全身披金挂银来得好。由此可见，佩戴饰品贵在别出心裁，贵在与自己的气质浑然天成。

总之，无论我们选择什么首饰，首饰终究不过是个点缀作用，佩戴得好，可以提升自己的品位和自信，让他人一下子记住你，而佩戴不恰当，便显庸俗。

了解并运用演讲中的四类手势

我们都知道，人们在说话时，都会情不自禁地做出一些手势，而在公共场合演讲，人们更是少不了手势，这样，我们的讲话才显得更为自然和轻松。所谓演讲中的手势，顾名思义，指的就是演讲者在讲话时手部动作的姿势。演讲的过程，其实就是说者与听众进行思想和观点交流的过程。与一般的交流活动不同，演讲不仅要"讲"，还要"演"，"演"就是一种演示。大多数时候，我们不需要演示的道具，只需要依靠自己手势，就能巧妙抓住听众的心。

的确，手部动作的幅度也是最大的。在人类进化的过程中，双手起着不可代替的作用，它甚至推动了人类的进程。事实上，我们不难明白的是，在人类所有的肢体语言中，产生肢体语言最多的就是手。

同样，演说中，自然而安稳的手势，可以帮助演讲者平静地说明问题，减少紧张感，也能通过富有变化的手势来增强语言的表现力。诚如早期马列主义宣传家叶·米·雅罗斯拉夫斯基所说的："演讲者的手势自然是用来补充说明演讲者的观点、情感与感受的。"

具体来说，演讲手势可以分为四类：

一是指示手势。

虽然这类手势所表现的都是真实的形象，但是将其具体划分后会发现，还能将其分为实指和虚指两大类。

实指指的是演说者手指所指向的方向，而且是听众眼神所能及的。一般演说者会说"这里"或"那边""这边"或"上面""这些"或"这一个"等。

虚指指的是演讲者和听众不能看到的。比如,"在很久很久以前""在遥远的地方"。常用虚指可伴"他的""那时""后面"等词。相对来说,指示手势更多传达事实,不带过多的感情色彩。

二是模拟手势。

演讲者可借用手势来表述一些形状,为的是让听众展开想象,进而让你描述的事物更形象。比如,说话时,你想表达一个梨子的形状,此时,你可以用双手合抱,以此来引导听众去想象。

三是抒情手势。

这种手势表达的感情很浓厚,也是运用得最多的。比如,伤心时掩面哭泣;急躁时搓手;兴奋时拍手称快等。

四是习惯手势。

我们每个人在行为上都有自己的一些习惯,也就有了惯性手势。而且,每种手势的含义也不明确、不固定,随着演讲内容的不同而体现不同的含义。

演讲中,如果听众出现以下动作,表明他们对你所说之话抱有消极的态度:

1.当你兴致勃勃地表达自己的观点时,对方却不时地抓耳朵

表明他对你的话已经不耐烦了,他希望你停住话题,或者希望你能给他一个表达的机会。

2.如果与你交谈的是一个群体，当你说话时，他们出现了交叉双臂或用手遮嘴的动作

这表示他们根本不相信你的话。

3.说话时用手搔脖子

这表示人们对所面对的事情有所怀疑或不肯定。

从演说者的角度看，为了获得听众的信任，产生积极的谈话效应，我们可以尽量做出以下动作：

1.说话时，尽量手心朝上

因为这一动作所传达的信息是：我是坦诚的、不说谎的。

2.摊开手掌更易赢得他人的信任

但如果这是你的习惯性动作，那就不灵了。

3.握手时掌心向上，并垂直与对方握手

这则表明你性格温顺，为人谦虚恭顺，愿以彼此平等的地位相交。

演讲的手势可以说是"词汇"丰富，千变万化，没有一个固定的模式。作为一个出色的演讲者，平时要认真观察生活，刻苦训练，积极付诸实践。

当然，演讲中，运用任何手势都贵在自然，切忌做作；贵在协调，切忌脱节；贵在精简，切忌泛滥；贵在变化，切忌死板；贵在通盘考虑，切忌前紧后松或前松后紧。

在演讲中，我们运用恰当的手势辅助讲话，不但可以引起听众注意，还可以把思想、意念和情感表达得更充分、更生动、更形象，从而给听众留下更深刻、更鲜明的印象和记忆。

演说，不要忽视肢体语言的力量

相信任何有过演说经历的人都明白，任何一场演说，都不仅要"说"，还要"演"。同样是讲话，站在台上讲话与在台下讲话毕竟不是一回事儿，站着讲与坐着讲，感觉又不一样。站在台上，你的一举一动都会对听众产生重要影响。可能一些人会认为，只要尽力控制住自己，在台上不哭不笑、不走不动，就不会出现什么问题了。其实不然，这样你就成了一具会说话的木偶，这样的演讲只能让听众觉得可笑。

体态语，顾名思义，就是借用身体表达出来的语言，也称为身体语言、肢体语言、无声语言。体态语包括动和静两种，动态语包括手、脚、头等做出的姿势，而站姿、坐姿、服饰等就属于静态语了。体态语在演讲中的使用范围极广，使用频率也极高。在演讲中，我们一登台亮相，还未开口便已经用体态语给听众留下第一印象。鉴于此，你若能在演讲中恰当灵活地运用体态语言，便可以辅助口语更好地表情达意。

可见，演讲中，真正展现热情与真诚的有时候并不是语言，也就是说，最重要的说话技巧并不是语言，而是我们的身体。掌握一些基本的肢体语言，能帮我们更快地抓住听众的注意力。

我们发现，TED大会上那些演说者，不但在自己所在领域内是佼佼者，在演讲中，他们更是富有活力和精神抖擞的人，他们具有爆发力，可把内心的情绪迸发出来。比如，2012年TED大会演讲嘉宾在演说时，用手势强调他的每一句话，令他的观点和案例更具说服力。在演讲中，他甚至没有使用幻灯片，因为他根本不需要，手势就能装饰他的言语。

TED演讲大师们给出三点运用肢体语言的总结：第一，双手自然下垂；第二，手势一定要有，但不能过度；第三，表情配合内容，眼神与观众交流。

因此，你如果想让你的演说更精彩，就不要忽视肢体语言的力量，在演讲的时候不应该单是报告一些事实，还应该把自己的肢体语言注入你的演讲，只有这样，才会真正打动听众。

这需要我们在演说中，尝试使用这些肢体动作：

1.始终以微笑面对听众

美国前总统里根的演讲便发挥了微笑的作用。演讲开始之前，里根总统先微笑示人，让人倍感亲切，给大家留下一个极好的印象。演讲过程中也处处让人感到平易和善，而非高高在上。这样的总统作风自然受人欢迎，也易拉近与他人的距离。

2.身体应微向前倾

当你和对方谈话的时候，身体微微前倾，这表明你对他的话题感兴趣。而这对于他来说，显然是一种尊重，他自然很愿意同你交谈下去。

3.双臂张开，展现你的热情

这是一个热情的动作。可以想象，当你遇到某人的时候，如果他交叉双臂站着或坐着，说明他很冷漠，一点儿也不高兴。因此，当你交叉双臂站着或坐着时，你给他人的感觉是：你不愿意交谈，你有防备心，你将自己封闭起来。手捂着嘴

（或手捂着嘴笑）或支着下巴的动作表明你正在思考。反过来，你也可以想象一下，如果是你，可能也不会打扰一个正在深思的人吧。另外，你如果双臂交叉，那么，你自身也会显得局促不安，而他人也不愿意靠近你，因为在与你交谈的时候，他们也会感到不自在。

所以，你如果想向听众表达出你的热情，就张开你的双臂，即便看起来有点儿夸张，也比交叉抱着双臂要好得多。

除了以上三点外，我们在演讲台上该怎样站，怎么看，甚至细化到一个眼神、一个动作都是重要的问题。懂得恰当地运用体态语，熟悉一些表演艺术，是使演讲者能在台上轻松自然地演讲的必要前提。

总而言之，体态语是演讲表达的重要方式之一。它不仅能有效地帮助你传情达意，使你站在台上不至于太呆板，还能塑造你的形象，给听众留下深刻印象。

用你的眼神，与听众进行无声交流

在人际交流过程中，眼睛是仅次于语言的重要工具。人与人之间除了需要语言的交流，眼神的交流也是必不可少的。在人类的面部表情中，眼神是最为微妙复杂的，不管是用眼神表达信息，还是准确地理解别人的眼神所表达出来的信息，都非常困难。

心理学研究表明：人的感觉印象77%来自眼睛，14%来自

第9章 态势语言，学习TED演讲中"演"的艺术

耳朵，视觉印象在头脑中保持时间超过其他器官。英国有一句古老的格言说："你说话内容的有无并不重要，重要的是你的表达方式。"有的心理学家认为：无声语言所显示的意义要比有声音语言丰富得多，而且也深刻得多。由此可见，体态语言有多么重要。像演讲这样短而集中的情感表达，怎么可能少得了体态、姿势、表情等体态语言的参与呢？

可以说，每个TED演讲者就是做到了这一点。在众多的演说技巧中，TED演讲者尤其注重用眼神与观众交流，因为他们深知，眼神交流能带动听众的热情。而在研究TED演讲的秘诀时，美国作家杰瑞米·多诺万曾说："一个好的演讲，它的代入感非常重要，它能调动起听众、观众的生命体验。"

英国第40任总统里根出身演员，拥有高超的表演技巧，每次演讲都能充分运用目光语。他的眼睛有时像聚光灯，把目光聚集到全场的某一点上；有时则像探照灯，目光扫遍全场。因此，有人评价他的目光语是一台"征服一切的戏"。

那么，在演讲中，我们该如何与听众进行眼神交流呢？

1.演讲时，眼神不可游离不定

严肃的表情会让说出的话更有气场，但假如你神态木讷，面无表情，即使嘴在动，并说出了语言，也会让人有拒人于千里之外的感觉。因此，记住，除了微笑之外，你最好还应注意你的眼神。眼神不可犀利、凶狠，但一定要炯炯有神，不可游离不定。

2.尽量看着听众说话

看着听众说话的好处在于：能使听众看到你的目光，看到

你内心的真情实感。一个优秀的领导，无论是脱稿演讲还是不脱稿演讲，都不忘和听众眼神交流。而实际上，一些领导者在演讲的时候，或为了显示自己的领导地位，或因紧张，他们或仰视天棚，或俯视地板，或左顾右盼、东张西望，躲避听众的目光，显得很不庄重、很不礼貌。

当然，看着听众说话，并不是说你应一味地直视，或者眼睛滴溜溜乱转，而应该将两眼略向下平视，目光自然、亲切、专注，以吸引听众的注意力。

而你如果是一个初次登台讲话，在众人的眼神压力下，你可能会感到不安，不敢看听众递来的眼光，那么你可以用目光虚视法，即眼睛看着台下听众，却不把眼光停留在具体的人身上，做到"眼中无听众，心中有听众"。但千万别因为紧张而不看听众，这样更会暴露你的紧张。

3.与听众要有目光的接触和交流

看着听众说话，有扫视和实看凝视两种，这两者都是需要的。在讲话之初，或讲话之中，不妨有几次遍及全场的扫视，但绝大多数时间都应该凝视，这也就是实质性眼神接触。这样做，不仅能在无形中加深与听众间的关系，而且我们可以通过察言观色，于细微处接收到听者的信息反馈，掌握听众的表情和心理变化，以便随时调节演讲的内容，改善讲话的方法。

演讲时，眼光一般应正视，并要适当地配以扫视和环视，这样既显得庄重、严肃，又照顾了全场。不要冷落了任何一个角落里的听众，也不要老是盯着某几个人或某一小块地方的听众。目光停留时间过长、过多，容易让人感到不自在，也让其他人觉得你仅是对着一小部分人演讲，厚此薄彼，最易失去听众。

4.眼神的运用应丰富多彩

眼神的传递，旨在与听众交流情感，进行有效的信息传播。但不同的讲话内容、不同的受众、不同的场景等，所要传达的眼神是不同的，眼神的运用自然也是丰富多彩的。演讲者如果总是一种无动于衷的眼神，就会给听众一种麻木、呆滞的感情，那就无法使听众"提神"、凝思。

总之，演讲中，我们与听众的眼神交流非常重要。很多时候，眼神是无法掩饰的，因为往往更能真实地表达出一个人的品质、修养以及心理状态。演讲时，如果你能在你的眼神中注入情感，听众将更易被你感染。

第10章

运用幽默，在轻松和谐的氛围中将观点传达出来

提到演讲，很多人认为它应该是严肃的、不苟言笑的，认为只有这样，才能让听众认真倾听。其实不然，真正高明的演讲必须调动听众的热情，而幽默这门语言艺术就能达到这一目的。TED演讲中，那些成功的演讲者也常常将幽默运用其中，当然，他们的幽默口才也不是天生的，而是经过长期的锻炼，不断吸取自己每次演讲的经验与教训，磨炼演讲的技巧而成。同样，生活中的你，不论是专业的演说家，或只是偶尔演讲，或是从来没有在大家面前讲话，都可以努力去创造、发展并运用你的幽默力量！

幽默式介绍,让听众对你印象深刻

我们都知道,无论何种形式的演讲,要想成功达到我们的讲话目的,都必须有一个令听众印象深刻的开场白。在开场白之中,最为重要的就是自我介绍了,尤其是第一次面对听众,开口讲话前进行一番自我介绍是必要的。虽然它在演讲中所占时间很短,但一个精彩的自我介绍可以迅速给听众留下美好的印象,可以很容易地架起和听众交流的桥梁。而一开始就利用自己的幽默感作自我介绍,不仅能打破沉闷的局面,还能迅速地吸引听众,集中听众的注意力,为演讲的顺利进行作好铺垫。

对此,TED演讲者们认为,笑声对于增强团队凝聚力起到了重要作用,能制造让场面火热的因素。幽默是一种沟通方式,能吸引他人注意力……笑声不仅可以传递信息给他人,还能够激发和加强他人的积极情绪,影响他们的行为,使其对你产生认同感。

美国作家帕梅拉·迈耶曾在TED上作过名为《别对我说谎》的演讲。在演讲的开头,她说:"坐在你右边的人是个骗子,坐在你左边的人也是个骗子,坐你位置的也是个骗子,我们都是骗子。"这样的开口幽默风趣,瞬间抓住了听众的注意力。

比如，一个网虫的自我介绍："每个女人都是为爱而折翼的天使，她们来到人间，就再也回不去天堂了，所以需要男人好好地珍惜。我也是天使，不过降落的时候不小心脸先着地了，回不去天堂是因为体重。还好，我还有一颗天使的心，善良、仁爱。"人们在捧腹大笑中便不知不觉地把演讲者记在了心中。

我们来看一个求职者的求职信中的一段话。

"我就是貌赛潘安，义超关羽，智胜孔明，上知天文，下晓地理，出口成章，提笔成文，懂阴阳，测八卦，知奇门，晓遁甲的，大豪杰，大英雄，大剑客，大宗师，人称山崩地裂水倒流，赶浪无丝鬼见愁，前无古人，后无来者的，天下第一'帅'呀！"

这里，这位求职者不免有些自夸的成分，但言语间却尽显其自信幽默。我们再来看另一位求职者在填写求职登记表时的一段记录：

杰克曾经留学英国，因此，他对欧美国家的文化背景和职场习惯有一些了解。

他曾经参加过这样一个面试：那是个星期五下午，不知什么原因，他穿着牛仔裤就去面试了。经过口语听力测试、电脑水平测试后，那美国人的表情告诉杰克他非常满意。但他突然冷不丁地问杰克："请问你为什么穿牛仔裤来参加面试呢？"杰克急中生智，快速答道："今天不是周五吗？周五不是'便装日'（Casual Day）吗？"

原来，杰克在另一家美国公司工作时，发现周五总是有一幅漫画贴出来，漫画上的公司职员都穿睡衣，着拖鞋，睡眼惺忪的模样，旁边标注着大写的"Friday"（星期五）。果然不出所料，"老美"哈哈大笑，杰克自然顺利地得到了这份工作。

的确，面对如杰克这样幽默的求职者，作为用人单位的负责人，我们可能也会产生一探究竟的好奇，也愿意给这一求职者一个机会。

同样，演讲中也是如此，幽默的开场和自我介绍能瞬间吸引听众注意力。任何一个有过演说经验的人都知道，无论想要表达的观点是什么，你都需要通过语言与听众建立最初的情感联系，只有这样，听众才有可能接纳你。因此，如何使用得体、合适的语言，事关整个演讲活动能否成功进行。通常情况下，话说得恰到好处，很容易拉近与听众的距离，提高演说成功的概率。假如说话不得体，甚至让人不好接受，就会给听众造成不好印象。因此，演说者说话要注意掌握好分寸，说什么话，什么时间说，怎么说，不同于日常生活的语言交流，需要专业技能。

因此，演说中，演讲者一定要注意使自己的语言贴近听众的心理，尽可能地消除由于心理障碍造成的隔阂。因为人们对任何事物，首先表现在心理上接受，因此，把话说到人的心里，事情才好办。

然而，平淡如水、毫无新意的语言有时候只能让听众昏昏欲睡。此时，你不妨尝试一下幽默的力量，因为幽默总会让演讲交流的氛围更热烈。

第10章 运用幽默，在轻松和谐的氛围中将观点传达出来

一般来说，自我介绍的方法有很多，但无论哪一种方式，幽默和幽默感都将能帮助你顺利地进入主题。当然，即使使用幽默法作自我介绍，你还是必须掌握好语速、语调。有人在自我介绍时，像是在抢时间，嘴里像机关枪一样突突突地就说完了，这样的自我介绍即使穿插着很多幽默的素材，也很难让听众真正理解并消化。

生活中，我们经常看到一些演讲者，他们在自我介绍时像是在报户口，在做简历，在填履历表。比如："我叫××，××出生，曾担任××，爱好××。"这样的介绍着实乏味，更是难以给人留下什么印象，当你把最后一句说完时，估计大家已经把前面的忘得差不多了。精练的自我介绍，要用精彩的语言展现闪光多彩的自己，而幽默地介绍你自己，便能帮助你达到这一目的。

总之，运用幽默的力量去作自我介绍，可以使你与听众建立成功的关系。而且，适时开开自己的玩笑，也能使自己的情绪稳定下来，神经得到放松。只要开了头，你就不会感到无从下手，切入正题后也会轻松自如。

使用幽默的语言，能营造轻松和谐的气氛

我们知道，任何演讲，只有在达到打动听众、激励听众的效果时，它才是有效的。而要达到这一效果，除了讲究以情动人、以理服人外，对演讲内容的精心策划和安排也十分重要。

演讲者不能板起面孔光讲大道理，来显示自己演讲的深刻和发人深省，也不能光以表达自己的思想和情感为满足。如果流于空洞的说教、现象的罗列和人云亦云的老生常谈，听众的注意力就无法集中，演讲也难有好的效果。而假若演讲者能在演讲中恰当地使用幽默的语言，那么，便能营造和谐轻松的气氛。

然而，我们不是每个人都是喜剧演员，因此也不擅长讲逗乐听众的笑话。那么，如何让观众开怀大笑？一个方法就是引用别人的幽默话语，可以是名人、普通人、家庭成员或是朋友说过的，这些都是幽默素材，也正是TED演讲者所做的。

例如，卡门·阿格拉·迪地引用了他母亲的话："我把羞耻与连裤袜一起扔掉了。"一些演讲者在引用他人的幽默话语时还会给出一句评论，以增强幽默效果。比如，罗里·布莱穆勒说："2006年，美国抵押银行家协会的领导人称：'我们可以清楚地看到，没有什么惊天动地的大事能够摧毁美国经济。'这真是一个忠于职守的人所说的话。"（2008年发生次贷危机导致几个主要金融机构崩溃，引发了美国继大萧条之后最严重的经济衰退。）

事实上，我们只要善于寻找，就能找到一些幽默素材，让演讲妙趣横生。

当然，除了TED演讲者们外，善于在演讲中运用幽默素材的案例还有很多。我们先来看下面这些精彩案例：

鲁迅先生在结束在上海中华艺术大学的演讲时说："以上是我近年来对于美术界观察所得的几点意见。今天，我带来一幅中国五千年文化的结晶，请大家欣赏欣赏。"

第10章 运用幽默，在轻松和谐的氛围中将观点传达出来

说着，他一手伸进长袍，把一卷纸徐徐从衣襟上方伸出，打开一看，原来是一幅病态丑陋的月份牌，顿时全场大笑。

鲁迅先生幽默的反语结合着恰到好处的动作表演，使演讲在欢快的气氛中结束，而且使听众在笑声中进一步品味先生话中的深意。

作家王蒙说过："幽默是一种成人的智慧，是一种穿透力，一两句就将那畸形的、冷漠如冰的东西端了出来。它包含着无可奈何，更包含着健康的希冀。幽默也是一种执拗，一种偏偏要把窗户纸捅破，放进阳光和空气的快感。"

可见，幽默的作用是不可估量的。幽默是演讲不可缺少的要素，恰当的幽默往往是一次成功演讲的点睛之笔。

的确，幽默是人人喜欢的一种品格和能力，它蕴含着人类的智慧、善良和奇巧，能给人带来美感享受。有位演讲家说过，发挥幽默力量的一个重要目标就是要让听众赞成，并喜欢演说人和他所说的话，要是他们喜欢上演讲的人，那么肯定会喜欢他所作的演讲。

某单位里招聘了一批80后见习员工。这些初涉职场的新人，初生牛犊不怕虎，似乎什么都懂，什么话都敢插，给本来死气沉沉的办公室带来了生气。尤其是在吃午饭的时间里，整个办公室只听他们叽叽喳喳、高谈阔论。

一次，康震教授正在央视"百家讲坛"开讲《苏轼》，王主任很喜欢看这类节目，就与一个同事说起此事。这批见习生中的小顾见状，走过来插话了："苏轼！我知道，他又叫苏东坡。"一旁的小叶来劲儿了，冲着小顾讥笑道："又来了，

你肚子里的东西倒蛮多嘛。那我考考你,'三苏'是说哪三个人?"只听小顾马上脱口而出:"爸爸叫苏联,儿子叫苏东坡,女儿叫苏格兰。"老王与同事顿时面面相觑……不待他们缓过神,只听小叶笑着骂道:"低能啊!苏家都跑到英国去了。"小顾不示弱:"你这也不知道呀,苏格兰就是大名鼎鼎的苏小妹。"

大家再也忍不住,哄堂大笑起来。大家看到小顾一本正经的模样,不敢相信他开玩笑可以开到这个程度上,彻底被惊到了。

从此,王主任对浑身都是幽默细胞的小顾留了心。一年后,这批新人羽翼渐丰,有的跳槽了,有的调走了,有的升职了,只有小顾被这家单位留了下来,因为大家都从内心里喜欢他。工作再紧张,身边有个"活宝"在,就会不时爆出一阵一阵的笑声。

工作中,可能我们都喜欢像小顾这样幽默的同事,也愿意支持他们,因为他们总能给我们带来无穷无尽的欢乐,总能在繁重的工作之余让我们开怀一笑。

当你以幽默力量来帮助演讲开头,你就吸引了听众的注意,活跃了气氛,松弛了紧张,并建立了你与听众的友好关系。当你渐渐进入演讲的主题时,还需要继续你先前的努力。因为人的注意广度有局限,尤其当演讲人以单调低沉的语调,在某一个主题上平淡而谈时,听众更易感到乏味,从而分散注意力。这时,你就须再次抓住听众的注意!改变一下话题,或者改变讲话的方式,以一则笑话或一句妙语给予听众幽默力量。

第10章 运用幽默，在轻松和谐的氛围中将观点传达出来

如果你说笑话只是为了引人发笑，那么听众的注意力很可能随着笑声的起落而移开。因此，不要插入不相干的幽默，幽默要和当时的话题有关，要使它成为你的信息的一部分！

总之，为了做一个生活中和辩论场上的常胜将军，任何一个参加演说的人都应该有意识地培养自己幽默的素质。而要做到这一点，首先，要有渊博的知识和宽阔的胸怀，对生活充满信心和热情；其次，要有高尚的情趣、丰富的想象、开朗乐观的性格！

幽默收尾，让演讲更为圆满

克里斯·安德森在《TED演讲的秘密》一书中曾经说到，一场演讲有四大关键点，要想做好一场演讲，一定要把握好这四点：观点、开场白、过渡、结尾。的确，演讲的收尾和开场白同样重要，如果草草收尾，那么，势必会让整个演讲显得虎头蛇尾，还会让听众留下遗憾。当然，演讲的结束语多种多样，幽默式是其中较有情趣的一种。演讲在笑声中结束，能给演讲者和听众双方留下愉快美好的回忆，这也是演讲圆满结束的形式化的标志。

艾森豪威尔在担任美国总统之前，曾有一段时间在哥伦比亚大学担任校长。这期间，他经常应邀出席各种宴会。

在一次宴会上，几位名人已经作了长篇演说，可是主持人最后还请他讲话。艾森豪威尔一看时间已经不早，决定删去他

已经准备好的演说内容，站起来即兴发挥："每一篇演讲，不管是写成书面的或其他形式，都应该有标点符号，今天晚上，我就是标点符号中的句号。"大家立刻报以热烈的掌声。后来，他对别人说，那是他最著名的演说之一。

艾森豪威尔结束演讲的方式是特别的，这段话虽然简短，但很精彩有力。

的确，开场白很重要，有个好的结尾更重要！幽默的开场白能充分调动大家的热情，而幽默的结尾却能给人深刻的印象，期待你的下一次演讲。幽默使演讲结尾更富情趣，"余音绕梁，三日不绝"是演讲结尾追求的最佳效果。

那么，怎样才能达到这种效果呢？

1. 动作与语言相结合

在一次演讲会上，当演讲快结束时，领导掏出一盒香烟，用手指在里面慢慢地摸，但掏了半天也不见掏出一支烟来，显然是抽光了。有关人员十分着急，于是有人立即动身去取烟。领导一边讲，一边继续摸着烟盒，好一会儿，他笑嘻嘻地掏出仅有的一支烟，夹在手指上举起来，对着大家说："最后一条！"

这个"最后一条"，既是领导的最后一个问题，又是最后一支烟。一语双关，妙趣横生，全场大笑，听众们的疲劳和倦意也在笑声中一扫而光。这种紧扣话题的传神动作表演，别具匠心、天衣无缝，着实精彩！

2. 概括

某大学中文系为毕业生开茶话会。

第10章　运用幽默，在轻松和谐的氛围中将观点传达出来

会上，院系的几个领导相继讲话。首先是系党总支书记讲话，三分钟的即兴讲话主要是向毕业生表示祝贺。接着是彭教授讲话，主题是希望同学们继续努力学习，还引用了列宁的名言。然后，潘教授朗诵了高尔基的《海燕》片段，以此勉励毕业生们学习海燕的精神。第四个讲话的系副主任希望同学们永远记住母校和老师们。最后，毕业生们欢迎王教授讲话。

在毫无准备而又难以推辞的情况下，王教授站起来，先简单地回顾了数年来与同学们交往的几个难忘片段，最后一字一顿地说："前面几位给大家提出了殷切的希望，可我还是喜欢说他们说过的话。（笑声）第一，我要祝同学们顺利毕业！（笑声）第二，我希望同学们'学习、学习、再学习'。（笑声）第三，我希望同学们像海燕一样勇敢地搏击生活的风浪。（笑声、掌声）第四，我希望同学们不要忘记母校，不要忘记辛勤培育你们的老师们！

在这里，王教授对前面四个人的演讲做了简单的概括，使整个演讲在一片笑声中结束。如果他还和前面几个人一样，发表程序性的演讲，那么，整个演讲自然了无生趣，结尾也是毫无精彩之处。

3.省略

1985年底，全国写作协会在深圳罗湖区举行年会。开幕式上，省、市各级有关领导论资排辈，逐一发言祝贺。轮到罗湖区党委书记发言时，开幕式已进行了很长时间。于是，他这样说："首先，我代表罗湖区委和区政府，对各位专家学者表示热烈的欢迎。"掌声过后，稍事停顿，他又响亮地说："最

后，我预祝大会圆满成功。我的话讲完了。"他以迅雷不及掩耳之势结束了演讲。听众开始也是一愣，随后，爆发出欢快的掌声。

此处，这位党委书记是如何制造幽默、结束演讲的？他省略了很多人们惯性思维中的"第一、第二、第三……"，从"首先"一下子跳到"最后"，这样的讲话，如天外来石，出人预料，达到了石破天惊的幽默效果，可谓是匠心独运、别出心裁，让听众拍案叫绝。

的确，一般来说，演讲即将结束时，人们的心都是浮躁的，甚至已经没有继续听下去的意愿，此时，如果你的语言没有足够的趣味或者震慑力，是不能在精彩的掌声中结束演讲的。如果能运用演讲的幽默式结尾方法，让听众意犹未尽，那么，就能赢得现场听众的热烈掌声和欢笑声。

幽默渗透，让听众回味无穷

任何优秀的演讲都必须能起到正面的、积极的、鼓舞听众的作用，引起听众深深的触动和共鸣，点燃人们心灵中追求真善美的火花，激发起新的生命力和创造力，从而跃向生活新的高度。因此，演讲者若能在演讲中穿插幽默，把看似矛盾重重、无望解决的问题换一个角度思考，则能使听众豁然开朗、回味良久并茅塞顿开。

对此，每个TED演讲者给出建议：演讲中，无论是你要说

第10章 运用幽默，在轻松和谐的氛围中将观点传达出来

的话还是话题，都不可太严肃，因为人的大脑喜欢幽默的因素，制造幽默，更有利于达到好的演讲效果。这是因为幽默能够消除听众的心理防线，使其更容易接受你的信息，也能增加你的个人魅力。

TED演讲者肯·罗宾逊曾在TED大会上巧妙地通过讲幽默的小故事，将幽默因素运用到演讲中，以此来传达自己的观点：美国教育体系的问题在于，应试教育扼杀了孩子的创造力和想象力。罗宾逊的演讲在给观众带来欢乐的同时，还引发了他们的思考。

下面就是他在TED上说的一个幽默小故事：

"我最近听到一个关于小女孩画画的故事。这是个6岁的小女孩，坐在教室的最后排，她的老师说她上课不爱听讲，但是只要上美术课，就十分认真。

有一天，美术老师走到她身边，问她：'你在画什么？'

小女孩回答：'我在画上帝。'

老师说：'可是没有人知道上帝长什么样子。'

小女孩回答：'他们马上就知道了。'"

演讲的一个重要目的是开解人们心中的疑惑，激起人们对生活的信心。所以，演讲者若能如罗宾逊一样，在演讲中渗透一些幽默元素，那么，也能让听众回味无穷，从而悟出你的话中含义。

当然，幽默要有创意，因而联想和想象是不能没有的。而且，幽默没有现成的模式可以遵循。我们面对的是变动不息的人群，所以幽默只有因人因事而异，才能达到效果。

那么，演讲者该如何在演讲中穿插幽默呢？

1.含蓄表达法

幽默应该引人发笑，但高级的幽默最好可以让人回味无穷。幽默是言近旨远。这里还有一个萧伯纳的故事：

有一个朋友邀请萧伯纳赴宴，想让萧伯纳给他弹钢琴的女儿美言几句，好借此名扬天下。萧伯纳一到朋友家，女孩就迫不及待地弹了起来。弹了半天，萧伯纳一言不发，女孩只好先开口说话："我没有妨碍到你吧？"萧伯纳若无其事地说："没关系，你弹好了。"

萧伯纳的话幽默、简约、含蓄，有弦外之音，非得经过琢磨才好领会他的意思。演讲者在演讲中也可以使用这一方法，演讲内容的中心思想，有时候并非直接道明，一个小小的幽默便能为你传达，起到言有尽而意无穷的效果。

2.穿插文字游戏

一位演讲者这样演讲："朋友们，经营有道，投机有方。有一首诀窍铭这样告诉我们：位不在高，头尖则灵；官不在大，手长则行。斯是诀窍，唯吾钻营：对上捧粗腿，对下用私人；吹牛克鸿运，拍马不碰钉。可以开后门，讲交情。无正义之细胞，无原则之准绳，烟酒来开道，金钱能通神。孔子曰：'何鄙之有？'"

演讲者巧妙移接，仿词得当，给人一种明快犀利、生动活泼之感。

3.穿插故事法

在演讲中，为了增强演讲效果，加深听众印象，可以穿

第10章　运用幽默，在轻松和谐的氛围中将观点传达出来

插现成的幽默故事。一个短小的故事，精彩动人，令人回味无穷，也许会使人精神焕发、斗志昂扬、自信振作；也许会使某些意志薄弱的人从垂头丧气的失败中清醒过来，汲取经验教训，重新振作起来，建立起奋斗的目标和迈向成功的决心和信心；也许会使人们从悲观转为乐观；也许会潜移默化地改变人的一生，甚至能改变人们的人生观。

美国诗人、文艺评论家詹姆斯·罗威尔1883年担任驻英大使时，在伦敦举行的一次晚宴上发表了一篇名为《餐后演讲》的演说。

最后他说："在我很小的时候就听人讲过一个故事，讲的是美国一个卫理公会的牧师。他在一个野营的布道会上布道，讲了约书亚的故事。他是这样开头的：'信徒们，太阳的运行方式有三种，第一种是向前或者说是径直的运动；第二种是后退或者说是向后的运动；第三种即在我们的经文中提到的静止不动。'（笑声）先生们，不知道你们是否了解这个故事的寓意，希望你们明白了。今晚用餐后，演讲者首先是走径直的方向（罗威尔起身离座，作示范），即太阳向前的运动。然后他又返回，开始重复自己，即太阳向后的运动。最后，凭着良好的方向感，将自己带到终点。这就是我们刚才说过的太阳静止的运动。"在欢笑声中，罗威尔完成了这套动作，然后重新入座。

当然，穿插时要注意：穿插进来的内容一定要同话题有关，能起到说明、交代、补充的作用；穿插的内容务必适度，不可过多过滥，以免喧宾夺主，中心旁移；衔接务必自然得

当，切不可让人觉得勉强或节外生枝。

可见，在演讲中，合适灵活地运用幽默，能大大提升你演讲的效果，给听众带来更多的笑声，从而使你的演讲稳操胜券。当然，穿插幽默以达到渗透演讲思想的方法是不胜枚举的，关键是演讲者能在演讲中恰如其分地把握住演讲的气氛和听众的心态，自然而真实地运用幽默，才能使演讲收到"余音绕梁，三日不绝"的轰动效应。

演讲中的幽默要真实自然、言之有物

任何一名演讲者，都深知幽默对于调动听众兴趣、活跃演讲氛围的重要性。为此，演讲者们都煞费苦心以幽听众一默。诚然，幽默的运用可以为演讲增添光彩，但是这并不是为了幽默而幽默的矫揉造作，幽默的运用要讲究真实而自然。适情适性地自然表达，才是上台演讲的最高艺术。因此，演讲中的幽默必须真实自然、言之有物。

对此，TED演讲者们认为，演讲中可以适当调侃一下自己，围绕演讲主题讲讲自己的玩笑，虽然这需要勇气，但能用最自然的语言展示自己最真实的一面，而不是扮演其他人。让你会心一笑的事，也可能会让别人笑。但TED演讲者并不建议在演讲中随便讲笑话，要知道，一个讲得很差劲的笑话，或者一个讲得不错但内容并不讨巧的笑话（这更糟糕），会迅速降低你在听众心目中的地位。

第10章 运用幽默，在轻松和谐的氛围中将观点传达出来

幽默为TED演讲者的演讲加分，也会为你的演讲加分，但前提是你必须学会创造性地、自然地把幽默融入你的演讲。重复老套、粗俗甚至下流的笑话，没有任何意义，甚至会让观众反感。

因此，演讲语言要富有幽默感，必须言之有物，使其形象生动。以实求幽默，幽默有；以虚求幽默，幽默无。语言真实形象生动，能促人联想，产生"具象"，让人回味无穷。

那么，具体来说，演讲者该如何使幽默言之有物呢？

1.随机应变，现场发挥

在演讲中运用幽默，应当自然，而不要勉强。如果你牵强地说出一个幽默，你的听众可能会思想上开小差。与其仿效别人的风格，不如自己找一个轻松的、可以为演讲注入生气的幽默。

有一次，林肯正在演讲时，一个青年递给他一张纸条。林肯打开一看，上面只有"笨蛋"两个字。

林肯的脸上掠过一抹不快，但他很快便恢复了平静，笑着对大家说："本总统收到过许多匿名信，都只有正文，不见写信人的署名；而今天正好相反，刚才这位先生只署上了自己的名字，却忘了写正文。"

林肯的老婆也是著名的泼妇，喜欢破口骂人。有一天，一个十二三岁送报的小孩，因为送报太迟了，遭到林肯太太的百般辱骂。小孩去向报馆老板哭诉，说她不该骂人过甚，以后他不去那家送报了。这是一个小城，于是老板向林肯提起这件小事。林肯说："算了吧，我都忍受她十多年了，这小孩才偶然

挨一次骂，算什么？"这是林肯的自我解嘲。

从这里，我们可以发现，幽默者多有宽阔的胸襟与练达的智慧。幽默是一种优美、开朗的品质，是思想、学识、经验、智慧和灵感在语言运用中的结晶，是造成语言生动形象的有效手段之一。

2.制造悬念

以热切的语调、真实的细节和充满戏剧性的情节引出你的幽默力量，在关键的那句话说出之前，不妨制造一些悬疑。

演讲者不能迫不及待地把妙语趣事说出来，因为笑话要发挥趣味的效果，一定要让听众有出乎意料的感觉。因此，要好好讲你的笑话、妙语或警句，不要操之过急，过早泄漏天机。

当你以讲话来说笑话时，对重要的、关键的字眼要加重，以强化笑话的效果，在重要的语句说完之后要停顿一下，以加深别人对它的印象。

因此，你如果想要抓住听众的心，就要以热切的语调、真实的细节和充满戏剧性的情节引出你的幽默力量，当你演讲的时候，要如行家一样把你的幽默力量运用自如，将其作为你演讲的重要部分。

的确，演讲中恰当地运用幽默，既可活跃气氛，振奋听众精神，又能增强演讲的感染力和吸引力。在演讲中，常用的幽默手法有很多，比如，自我解嘲法、妙用笑话法、以矛攻盾法、正话反说法、大事化小法、适度夸张法等。当然，在演讲中运用幽默手法必须恰当，如果运用不当，则会适得其反。要让你的幽默语言言之有物，除了在使用方法上正确外，你还必须注意：

运用幽默手法时，一定要分清对象，分清听众的年龄、文化背景、宗教信仰等。这里有个态度和分寸问题，如果忽视了这个问题，很容易伤害到他人。另外，演讲中的幽默切忌使用那些具有歧视性的话语，也不可使用粗俗不堪的话语，否则不仅不会增强演讲的效果，反而会产生不良的影响，让听众心生厌恶。

第11章

避免步入这些表达雷区，以免给听众留下不好的印象

我们都知道，公共场合发表演讲，有三个构成因素：演讲者自身、讲话内容，以及听众，三者缺一不可。前面，我们已经分析过很多TED演讲者的演讲技巧，的确，演讲并不是毫无章法的，但事实上，即便很多人已经掌握了这些技巧，依然会在演讲中犯一些常见错误。那么，这些错误有哪些呢？又该如何避免呢？接下来，我们会在本章中细细分析。

语言谦逊，无论如何不要和听众争论

生活中，我们几乎都会遇到和自己意见不同的人，然后我们会就此讨论。而且我们常常需要在办公室、社交场合或是家中赢得人心，进而让他们接受我们的思想。那么，你是否与对方争论了呢？

拿破仑的管家曾写过一本书——《拿破仑私生活的回忆》。这位管家常与约瑟芬打台球，他在这本书的第一卷第71页中说："虽然我认为自己的台球技艺不错，但是还是努力让她赢我，因为这样会让她十分开心。"这虽然是一个很小的故事，但告诉我们非常实用的道理，我们在与我们的丈夫、妻子、情人或者顾客交往时，也要想方设法让他们胜过我们。

释迦牟尼曾说："恨不止恨，爱不止恨"。的确，误会永远不能以争辩来结束，而需要用手段、外交、和解来看对方观点，以此使对方产生同情的欲望。

同样，演讲中，我们也不要总是试图赢听众。要知道，我们最终的目的是让听众接受我们，即便我们争论赢了，也未必会让听众心服口服。

曾有人对TED演讲之所以成功在语言表达上进行了总结，发现任何一场引爆全场的TED演讲都具备四要素：语气热情谦

第11章 避免步入这些表达雷区，以免给听众留下不好的印象

逊；最好不要使用口头禅；发挥停顿的力量；改变语速、音量和音调，打造有变化的声音。

在这四要素中，语言谦逊是首位，要知道，人都有被尊重的心理需求，表达谦逊、尊重听众是任何一场演说成功的前提。诺曼·文森特·皮尔博士在论及专业喜剧家时这样说："人类的个性需要爱，也需要尊敬，在人的内心，都有一种内在的价值感，他们渴望被尊重和重视，一旦伤害这种感情，你就永远失去了那个人。因此，当你爱一个人时，就要尊敬他，你也就能成就他，而且，他也会同样地爱你、尊敬你。"被尊重是人的基本需求，同样，我们面对媒体，也要心怀尊敬，切莫出言不逊。媒体最大的职能就是报道事实，如果你对媒体不敬，也会被报道出来，很明显，这不但不利于问题的解决，还会损害我们在公众面前的形象。

徐先生是一位小型杂志社的社长，不管什么场合，他都喜欢装腔作势，有时候甚至故意降低自己的声调来表现庄重的样子。平日，他总是到处吹嘘自己是无所不知的，这种姿态让人觉得他好像在自我宣传。许多下属发现他说错了话，会小心地指出其错误，可徐先生从来不听，也不愿意接受，他固执地坚持自己的想法。

在杂志社的每次例行会议上，他都故意装腔作势，夹着很多的暗示性话语或英语来发表高见，但是他还是得不到别人的认同。他所出版的刊物，总是被人批评为现学现卖、肤浅的杂学之流，这是因为他对任何事都喜欢进行评判。当他一开口说话，下面的员工就说："天哪！他又要开始了。"然后便十分

痛苦地忍着，听他大放厥词。

本来徐先生什么都不知道，却硬是装出一副什么都知道的样子，当然会被人看作是虚张声势的伪君子。更要命的是，这样一个不懂装懂的人，还拒绝倾听下属的意见，如此之人，嘴里自然说不出什么言之有物的话来。

我们必须明白，在人类的天性中，骄傲是最基本的。所以，聪明且有经验的经验者是不会对抗听众的骄傲的，相反，他们懂得为己所用，利用这一点来达成自己的演说目的。

那么，具体来说，该怎么做呢？

最简单的方法是，展示给我们的听众看，这能让他感觉到，我们所给出的意见事实上与他曾经信奉的事是相同或者相似的。只有这样，听众才更容易接受，而不是拒我们于千里之外，才能避免听众产生相反的理念，从而对抗我们的演讲。

然而，真正拥有这一能力的人并不多甚至说是很少，大多数人错误地认为，真正说服他人，就要将对方拉进我们建造的信仰的城堡里，第一步就是炮轰对方，将对方的堡垒夷为平地。殊不知，在你还未进攻时，对方就已经产生了敌意，为了对抗你，必定有一场厮杀和搏斗，在一番争夺后，谁也没有获得好处。

事实上，在演说中何尝不是如此呢？我们演说的目的无非是传播思想、说服听众，号召听众采取某种行动，这里，我们的核心问题是：如果我们一味地把自己的观点灌输到听众的耳朵里和心里，那么，很容易让听众滋生相反或者对立的观念。相反，那些真正影响听众的人，能润物细无声，在不知不觉中

第11章 避免步入这些表达雷区，以免给听众留下不好的印象

将自己的想法融入听众的思维和意识中。

演讲切忌形式主义、讲空话套话

生活中，我们常听说"形式主义"这个词，它的含义指的就是不注重内容而注重形式。事实上，一些人在演讲的过程中，犯的就是这样的错误。他们会事先准备好一份演讲稿，然后背诵下来，在演讲时，也不顾听众的感受，自顾自地背诵完稿子，便认为自己作了一次精彩的演讲。实际上，这类形式主义、走过场的演讲，有什么意义呢？

任何一个成功的演讲者不但注重通过演说来锻炼自己的讲话能力，还注重自己语言的锤炼。如果你讲话乏味，就没有人爱听，空话套话多，号召力就差，这样的讲话不如不讲。"白圭之玷，尚可磨也，斯言之玷，不可为也。"空话讲多了，听众就会对你的讲话失去兴趣，而你想传达的意见就不能成功地传达出去。

事实上，任何一个TED演讲者，都十分注重自己语言魅力的锤炼。因为整个演讲只有18分钟，时间宝贵，演讲者如果侃侃而谈，说空话、套话，那么，这种演讲是没有任何意义的。

然而，在现实的演讲过程中，一些人不注重语言魅力，只注重形式主义。他们在说话的时候，枯燥无味，让下面的人听起来很难受，许多人深受其苦，甚至，有的人为了躲避听他说话，不惜请假、会上打瞌睡、玩手机游戏、频频借故出入会

场。试想，如果听众反感你的讲话，那么，演讲又该如何进行呢？或许有些演讲者会抱怨："不是我们想搞形式主义，而是不得不搞形式主义，演讲太难了。"其实，想要做好演讲有很多方法，完全没有必要依靠形式主义。

具体来说，你可以这样做：

1.演讲不要有不切实际的期望

演讲中，千万不要有不切实际的期望，如果过分夸大演讲的意义，甚至把一次演讲与人生命运、个人价值观甚至企业、团体的前途扯在一起，那么，也只能落入形式主义了。

2.准备工作做到位再上台

美国前总统林肯曾说过："我相信，我若是无话可说时，就是经验再多、年龄再老，也不能免于难为情的。"这句话说得十分深刻。

任何一场演讲，要想获得满堂彩，准备工作必不可少，这包括演讲主题的选定，素材的收集、整理、归纳，演讲前的练习等。做足准备，是演讲成功的前提，更是淡化焦虑和紧张情绪的必要方法。

3.自然大方，不可浮夸、忸怩作态

成功学大师、美国成人教育之父卡耐基的演说能力无人怀疑，但曾经的一段时间内，他也依赖过教科书中的信条。那时，他只是照搬老教授们传授的一些坏习惯，因此，他的演说风格在那段时间内是浮夸的，也是不尽如人意的。

卡耐基常提及自己曾上的第一堂演讲课。

教师让他将两臂轻垂于身体两侧，手指微曲，手掌朝后，大拇指轻轻靠着大腿。然后又让卡耐基把手臂举起，再画出优美的弧线，好让手腕优雅地转动。接着再将食指张开，然后是中指，最后是小指。当这整套合乎美学的、装饰性的动作完成之后，手臂要回溯方才的弧线，再度放于双腿的两侧。

后来，经过自己的摸索，卡耐基发现，这一套动作只是表演性的，一点儿也没有意义，显得做作、毫无诚意。又过了一段时间，他才明白过来，出色的演讲一定要将自己的动作融进去，要轻松、自然，这样的演讲才是生机勃勃、受人喜爱的。

4.讲话内容要真实具体

著名的康奈尔大学英语系教授威廉·斯特伦克曾在他的《风格的要素》一书中这样阐述："那些研究写作艺术的人，假如在他们的观点中，有相似或一致的地方，那么，这个地方就是：他们认为如果说能抓住读者的兴趣，那么，最为可靠的方法就是要具体、明确和详细。像荷马、但丁、莎士比亚等这样一些最伟大的作家，他们最为高明的地方，就是他们处理特殊情境的能力，他们能在叙述或者写作时唤起读者脑海的景象。"

不只是写作，演讲更是如此。成功学大师卡耐基曾经在课堂上和他的学员们做了一个实验：讲事实。他们在实验中定了一个规则：在每句话中都必须有一个事实、一个数字、一个专有名词，还有一个日期。当然，因为这一规则，他们的演讲能力获得了质的提升。

5.语言灵活，切忌机械式背诵

美国总统林肯曾说过："我不喜欢听刀削式的、枯燥无味的讲演。"演讲内容要灵活，最重要的就是不能机械地背诵演讲稿。因为逐字逐句地背诵讲稿，很容易一站上讲台就忘记，而且，即使顺畅地背诵了出来，也会让听众听起来不自然，演讲的趣味性和生动性就会大打折扣。

当然，背演讲稿在演讲的准备工作中是必不可少的，但是不能依赖背诵。逐字逐句地记忆会消耗演讲者大量的时间，而且容易形成演讲者心理麻痹。在实际的演讲过程中，一旦因怯场而忘词、卡壳，现场就会骚动，此时，无异于在家中脑袋"短路"。因而，在准备演讲时，我们只要准备好大概的提纲，根据自己的语言、思路发挥，就能打动观众。

6.语言丰富有趣、展现自己的魅力

我们不应该只重视讲话的形式，而更应该注重自己的语言魅力。讲话本身就是一门艺术，让自己的语言有特色，你可以适当地幽默、调侃，这样会使你的讲话变得十分有趣，令人感动，并且能够让听众牢牢记住你的讲话，感受到你的魅力，受到你的鼓舞。

总之，生活中的人们，你如果正致力于提高自己的演讲能力，那么，就要学会剔除那些机械式的演讲训练方式，就要做到内容充实、杜绝形式主义。

演讲要充满新意，切忌陈词滥调

敢于打破常规是一个人智慧和自信的体现，也是创新精

第11章 避免步入这些表达雷区，以免给听众留下不好的印象

神的象征。在演讲中，能否在语言上做到推陈出新，体现的就是我们的语言水平。相反，如果总是一副"老面孔""老调子"，即便是真理，也会让人厌烦。因此，我们讲话必须把真理讲出新意，让人乐于接受，引起广大听众的共鸣。

在每一次TED演讲上，演讲者们都能给参加会议的听众带来耳目一新的观点、思想、技能，让听众享受到真正的"超级大脑SPA"，而这也是TED一直如此受欢迎的原因。TED演讲大师们也提醒每一个致力于提升演说实力的人，演讲一定要充满新意，切忌陈词滥调。

"二战"期间，美国知名女性作家赛珍珠曾发表过一个对中国人民的广播演讲，这篇演讲深深地打动了每一个中国人的心。

她在演讲中这样说道："我今天说话不完全站在一个美国人的立场，因为我也是一个中国人。我一生的大半时间，都是在中国度过的。在我出生后三个月，就被父母带到中国去了。从我开始开口说话时，首先说的也是中国话。小时候，我跟着父母，并没有住过什么通商大埠。十几年间，我们走遍了中国的浙江、江苏、江西、湖南、安徽、山东各省的小城市、小村庄，清浦、镇江、丹阳、岳州、蚌埠、徐州、南州……这些地方，是我最熟识的。

我最喜欢的，是中国的乡村农田。在我成年后，我在南京居住了17年，我曾亲眼看见南京在几年之内，由一个古旧的城市变成一个新式的首都。但是无论我住在什么地方，我与中国人相处，都亲如同胞。因为小的时候，我的游伴是中国孩子；成人以后，来往的又是中国的朋友们。现在，我人虽已归故

国,心中却没有忘掉旧日的朋友。所以,今天我要以这两种身份说话。我既在中国长大成人,又在美国住了多年,受了双方的教育,有了双方的经验,我觉得我是属于两个国家的。"

在这篇演讲中,假如赛珍珠站在一个美国公民的立场上,哪怕所讲内容再精彩,恐怕也不会打动中国人的心。毕竟,人们对于大洋彼岸的美国是十分陌生的。按照惯例来说,赛珍珠应该在演讲之中讲些"亲爱的中国朋友们"之类的话,不过那样只会让人觉得她只是一种客套性的虚伪,根本不可能激起中国人民对她的认同。但是,赛珍珠却在演讲之中一再提起中国人所熟悉的城市名字,多次强调对中国的特殊感情,强调和中国人的亲密关系,这样在中国人的眼中,赛珍珠就不再是一个所谓的外国友人,而变成了一个和自己一起经历风雨的同路人,亲切感也就油然而生了。

那么,我们该怎样让演讲充满新意呢?

1.紧跟时尚,掌握时代的潮流

时尚是一个时期内,比较流行的生活方式和文化理念。它以各种物质的表现形式,表达了时下人们的思想认识和价值观念,也体现了绝大部分人的精神需求。时尚,是一种潮流,是正在进行着的社会文化现象。假如一个人和时尚脱离,就意味着被时代所抛弃,他也无法在交际生活中和别人产生共同的话题。一个不懂时尚的人在和别人交谈的过程中,他所说出的内容会因为缺乏时尚元素而显得乏味,他所受到的欢迎程度也必将大大降低。

同样,在为演讲准备素材时,我们也要紧跟时尚,比如,

第11章 避免步入这些表达雷区，以免给听众留下不好的印象

了解短时间内所流行的服装款式、电影类型、前沿杂志、热门话题等。这样就能够走在时代的最前沿，不至于被社会大潮抛在后面。紧跟时尚的生活方式和精神状态，不仅能够让你享受到一个特定时期的文化气息，还能让你在讲话时言之有物、推陈出新。

2.关心政治，了解时事

我们处在一个与世界交流越来越频繁的时代，报刊、电视、互联网传递着世界各地的政治事件和时事新闻。如果连续几天不上网、不看报、不看电视，就会有一种被世界抛弃了的感觉。当别人谈及六方会谈的时候，你只能在一边竖起耳朵稀里糊涂地听着。

另外，在公众场合讲话的时候，你的语言也会显得空洞乏味。政治和时事和我们息息相关，一个人如果紧闭房门，两耳不闻窗外事，就会显得既缺少知识，又没有趣味。

3.在语言表达上推陈出新

老话连篇、照本宣科，只会让听众毫无兴趣、昏昏欲睡。语言上的创新，是从旧中挖掘出来的，既然听众"喜新厌旧"，我们就可以"以旧翻新"。翻新语言，对语言进行改装，就能赋予其新的内涵，这样，听众听起来既熟悉，又感到眼前一亮。

总之，演讲中，传统的讲话方式未必能够达到我们所想要的结果，那么就不妨转换一下思路，用新的语言表达方式来表达观点，这样，不仅能够准确地传递个人思想，还能够迅速地提升你的影响力。

演讲语言要深入浅出，切忌故作高深

生活中，不少人出于工作和学习或者是交流经验的需要，都要当众讲话，而让听众深刻领会讲话内容，是我们演说需要达到的重要目的之一。高明的演讲者都懂得深入浅出的道理，他们能在轻松愉快的氛围与简洁通俗的语言中把自己的本意传达给听众，达到自己的演讲目的。

事实上，能站在TED讲台上的人，都是某一领域内的专业人士，但是他们并没有用最为专业的语言演讲，因为他们知道，台下的听众都是普通人，对一些特殊行业未必有了解。所以，如果你不顾听众的感受而高谈阔论、总是用专业术语来谈论，也许你正兴致勃勃，听众却是一头雾水、不知所云。

可能我们都希望自己在演说的时候能妙语连珠、口若悬河，这也是演讲大师制胜的法宝，是我们讲出魅力的根基。但演说语言的深入浅出，并不与此相违背。事实上，这恰好体现了一个人的口才，因为任何语言艺术的运用，只有在让听者接受的前提下，才能发挥效用。

当然，最通俗易懂的语言也并不是一蹴而就的，需要我们在生活中多加练习，需要我们把那些专业的理论性话语转化成听众能接受的语言。因为讲者和听者之间总会有一座桥梁，每个人能接受的语言水平也是不一的。作为演讲者，只要做到深入浅出，将你要传达的思想以简洁的语言传达给听者，才能真正让听众心领神会。

那么，我们该如何做到深入浅出地演讲呢？

第11章 避免步入这些表达雷区,以免给听众留下不好的印象

1.注意表达,让语言鲜活起来

比如,在演说中,你想形容一个人胖,如果只是说此人很胖,那么,一点儿说服力也没有。而如果你说成:"此人体型宽大,我估计摔倒了都不知从哪头扭。"这样就更容易给人一种形象感。契诃夫在描写胖子的时候,语言更为奇妙:"这个胖子胖得脸上的皮肤都不够用了。要张开嘴笑的时候,眼睛就要闭上,而要睁开眼睛看的时候,就得把嘴巴闭上。"

2.在演说语言中注入你的精神力量

我们发现,那些成功的演讲家,大都是富有活力和精神抖擞的人,且具有超强的爆发力。已故的美国大政治家柏寿安说:"通常所谓口才流利,就是说那人说话是从心底里发出来的,里面充满了热忱。一个诚恳的演讲者,不怕缺乏知识;一篇能够说服听众的演讲,能够把自己的心与听众的心融合为一,而不是单单把自己的记忆移入对方的记忆。演讲者要欺骗听众比欺骗自己都要难。"

3.多加思考,找到最通俗易懂的表达方式

人是思考的动物。善思考,才能出观点、出新意。不思考,就没有真知灼见,就会老生常谈。同样,在演讲过程中,你如果能多加思考,那么,自然就能找到通俗易懂的表达方式。

4."厚积"才能"薄发"

要将晦涩难懂的语言通俗化,不仅需要我们的嘴上功夫,还需要平时的积累,比如,知识的积累、语言的积累、经验的积累。

因此,在日常工作和生活中,我们应努力养成独立思考和

多积累演讲语言的好习惯。这样，才能富有思想性和创造性，才能在演讲中做到厚积薄发、深入浅出。

放松心态，切勿自乱阵脚

在现实生活中，一些人在演讲前，就像如临大敌一样心惊胆战，有着这样那样的担心。比如，在讲话过程中总是设想自己会犯语法错误，或总担心自己讲着讲着会突然地停顿下来，讲不下去了。这就是人们常说的"演讲恐惧症"，它很可能会打消我们对演讲的信心。其实，我们对某一件事情越是过分注重，就越容易焦虑和紧张，行为之上就越放不开手脚，反映在身体之上就是心跳加快、手脚发抖、说话结巴、大脑空白等。而有这些身心表现都是很正常的。

对此，TED演讲大师给出建议：对于那些初次登台的演讲者或内心紧张的演讲者，要想放松自己，在开始演讲前，最重要的就是要把注意力从自己身上移开，为此，你可以在演讲前做一些放松身心的活动。

另外，你还可以使用积极自我暗示的方法。暗示对人的心理影响是极大的，我们都能看到人在不良的心理状态下发挥是不正常的。当然，要做到自我暗示，保持积极的情绪体验，还需要我们在日常生活中积累自信心。

被视为勇气的象征的美国人——罗斯福，他的经历会告诉你答案。

第11章 避免步入这些表达雷区，以免给听众留下不好的印象

罗斯福曾经是个很胆小的人，在练习了如何获得勇气之后，他才成为一个勇者。

在他的自传里，有这样的内容："因为小时候我的身体弱小、体质很差、病病歪歪，又很木讷和笨拙，所以，年轻的时候，我常常对自己没什么信心。为了获得信心，我常艰难地训练自己，这不只是身体上的训练，更是对灵魂的淬炼。"

他这样描述自己是如何改变："孩提时代，我在马利埃特的一本书里读到过一段话，这句话对我的一生影响都很大，一直在我的脑海里。这本书里讲述了一位英国小型军舰的舰长，向故事的主角讲述了怎样才能做一个气宇轩昂的人，怎样才能变得无所畏惧。他说：'开始时，在每个人行动前，都会有一种畏惧心理，此时，应该学会驾驭自己，让自己表现得一点儿也不畏惧，就这样持之以恒，然后你会发现，原来只是假装的勇敢真的实现了。他只不过是练习拥有无畏的精神，竟然在不知不觉中真的变得勇敢无畏了。'"

"这就是我训练自己的理论来源，刚开始，我害怕的事情确实很多，树林里的灰熊、街上的枪手，但是我故意装作不害怕的样子，慢慢的，我就真的不害怕了。如果人们愿意的话，其实也是能和我一样的。"

心理学家认为，内控的人认为自己可以掌握一切，外控的人认为自己事事受制于人。如果你不相信恐惧可以克服，并且也不愿意去克服，那么谁也无能为力。为此，你可以试试下面的四种方法：

1.研究你的题材，并融于其中

在选定好题材后，你要按照主题来进行筛选和整理。如果认为自己可能存在知识误区，你还可以请你的朋友来帮你补充，当然，你必须坚信一点，你所选的题材是有意义的。如何获得这样的信念呢？你要认为自己所选的题材是"利他"的，也就是认为你自己的演说是能起到帮助听众的作用的。

2.转移注意力，让一切顺其自然

演讲成功的前提就是心态好，如果还没讲，你就担心自己会被听众质疑、会说错话等，那么紧张感会一直伴随你，你不可能将演讲进行下去。因此，在开口之前，你最好把注意力从自己身上转移开，你可以先听听其他的演说者说什么，把注意力放到他们身上，这样，你的紧张情绪就会有所缓解。

3.表现出自信

美国最著名的心理学家威廉·詹姆斯说过："让自己表现得勇敢，看起来本来就是勇士，然后运用这一意志达到目标，那么，勇气就会逐渐取代恐惧感。"

在演讲这一问题上，我们也要记住詹姆斯教授的忠告。为了培养勇气，面对听众的时候，不妨就表现得好像真有勇气一样。在做足准备、将一切演讲内容都了然于胸之后，不妨轻松地大步跨出去。

4.鼓励自己

在演讲中，演说者怀疑自己题材的意义、担心不会引起听众的兴趣，这都是很正常的。但你要明白，一旦你有这种思

第11章 避免步入这些表达雷区，以免给听众留下不好的印象

想，你的演讲就毁了，无论如何，你都要给自己打气，用轻松的话鼓励自己，告诉自己演讲题目是适合自己的，因为这都是你的经验之谈，你在该领域内已经从事了这么久，你最有资格谈论这一话题。所以，全力以赴吧。

参考文献

[1] 刘金来.TED演讲的技巧[M].北京：中国纺织出版社，2018.

[2] 加洛.像TED一样演讲[M].宋瑞琴，刘迎，译.北京：中信出版社，2015.

[3] 袁丹.跟着TED演讲学英语[M].北京：中国纺织出版社，2018.

[4] P.卡里亚.TED说话的力量[M].边艳丹，译.天津：天津人民出版社，2019.